教育部人文社会科学研究青年基金项目"晚清国人使用的英语和日语教材的搜集整理与研究"
（19YJC740092）
东北财经大学2021年度校级优秀学术专著出版项目（zzzz20210110）
东北财经大学2023年度研究生教改项目（yjyb202311）

中国近代外语教育的开端：
晚清英语及日语教材研究

鲜　明◎著

图书在版编目（CIP）数据

中国近代外语教育的开端：晚清英语及日语教材研究 / 鲜明著. — 成都：四川大学出版社，2023.6
ISBN 978-7-5690-5979-3

Ⅰ．①中… Ⅱ．①鲜… Ⅲ．①英语—教材—研究—中国—清后期②日语—教材—研究—中国—清后期 Ⅳ．① H319.3 ② H369.3

中国国家版本馆 CIP 数据核字（2023）第 021539 号

书　　名：	中国近代外语教育的开端：晚清英语及日语教材研究
	Zhongguo Jindai Waiyu Jiaoyu de Kaiduan: Wanqing Yingyu ji Riyu Jiaocai Yanjiu
著　　者：	鲜　明

选题策划：	敬铃凌
责任编辑：	敬铃凌
责任校对：	于　俊
装帧设计：	墨创文化
责任印制：	王　炜

出版发行：	四川大学出版社有限责任公司
地　　址：	成都市一环路南一段 24 号（610065）
电　　话：	（028）85408311（发行部）、85400276（总编室）
电子邮箱：	scupress@vip.163.com
网　　址：	https://press.scu.edu.cn
印前制作：	四川胜翔数码印务设计有限公司
印刷装订：	四川省平轩印务有限公司

成品尺寸：	170mm×240mm
印　　张：	8.5
字　　数：	137 千字

版　　次：	2023 年 6 月 第 1 版
印　　次：	2023 年 6 月 第 1 次印刷
定　　价：	39.00 元

扫码获取数字资源

四川大学出版社
微信公众号

本社图书如有印装质量问题，请联系发行部调换

版权所有　◆　侵权必究

目　录

引　言 ………………………………………………………（ 1 ）

1　晚清国人学习外语的时代背景 …………………………（ 6 ）

2　晚清外语教育机构 ………………………………………（ 11 ）
　　2.1　京师同文馆 …………………………………………（ 12 ）
　　2.2　上海广方言馆 ………………………………………（ 16 ）
　　2.3　教会学校 ……………………………………………（ 18 ）

3　推动晚清外语学习的重要人物 …………………………（ 21 ）
　　3.1　英语教师 ……………………………………………（ 21 ）
　　3.2　日语教师 ……………………………………………（ 28 ）

4　晚清国人使用的英语及日语教材 ………………………（ 35 ）
　　4.1　英语教材 ……………………………………………（ 37 ）
　　4.2　日语教材 ……………………………………………（ 67 ）

5　晚清国人使用的英语及日语教材的影响 ………………（ 83 ）
　　5.1　对国人学习英语和日语的影响 ……………………（ 83 ）
　　5.2　对时代的影响 ………………………………………（ 87 ）

i

6　结论 ……………………………………………………（ 96 ）

附　录 ………………………………………………………（ 99 ）
　《英文汉沽》目录 …………………………………………（ 99 ）
　《纳氏英文法讲义》第一册和第二册目录 ………………（108）
　《华英通语》刻本调研笔记整理 …………………………（111）
　《最近英文法教科书》目录 ………………………………（113）
　《华英进阶》壹集目录 ……………………………………（115）

参考文献 ……………………………………………………（118）

后　记 ………………………………………………………（128）

引　言

　　历史是一面镜子，鉴往可以察今。回顾我国晚清时期的外语教学，我们应当而且可以发现不少有益的历史经验，有的值得吸取，有的可引以为戒，这些宝贵的经验对今天的课程改革和课程思政仍有所启示。如果我们不懂历史或者忘记历史，就可能把旧的东西当成新发明，甚至走历史的弯路。

　　近代中国对同期西方国家的认识，经历了由感性认识到理性认识，由现象到本质，由形式到内容，从物质到精神，由浅入深、由低级到高级的过程。具体来说，经历了由器物、技艺，到制度、政治，再到思想、观念，即由"物"到"心物结合"再到"心"这样三个阶段。① 洋务运动时期，西学课程开始在我国萌芽，除传统的儒学课程之外增加了外国语学科和近代自然学科。

　　外语课程的设置及其内容是教育制度和教育思想的具体体现，是经济和社会发展状况的反映和缩影，它的演变不可能脱离整个社会变革的趋势。西方近代教育对我国教育的影响，透过"中学为体、西学为用"这种思想体系，经历了错综复杂的冲突与交融。②

　　传统中国在"华夷观念"③的支配下，自称"中华"和"中国"，将

---

① 吕达：《中国近代课程史论》，人民教育出版社，1994年，第342页。
② 吕达：《中国近代课程史论》，人民教育出版社，1994年，第343页。
③ "华夷观念"是在中华文明形成过程中产生的中国传统政治文化观，古代中国人认为自己繁衍生息的地区是世界的中心，自己的身份优于周边居迁不定的其他人。

周边的其他国家一概称为"蛮夷戎狄",因此历史上中国在很长的时期里并没有民族国家的概念,整个中国是"天下"而不是"国",古代中国人所认识的"国"是春秋战国时代的列国。所谓"外国"就是居于中国四周边缘的"四夷"。因此明朝官方负责与这些边缘国家进行交往的部门被称为"四夷馆",馆中编写的双语对照辞书被称为"华夷译语"。正是在这种观念的支配下,在清政府与外国进行交往的过程中,无论政治、经济还是文化,当时的国人总以为外国要低一等,是来朝贡的。这种文化上不平等的意识在对待外语方面的表现是,传统中国士大夫认为认真学习外语是没有必要的。① 加之在以经学为中心的知识结构中,外语被认为并不是士大夫应该具备的重要知识和技能。真正有志学习者犹如凤毛麟角,因为在很多士大夫心中,"蛮夷"实在没有多少可以效仿的东西。

清朝中后期,随着国家权力的衰弱和政治的不稳固,清政府逐步开始限制甚至禁止民间的外语学习活动,并用行政手段对中外语言的接触交流活动加以制裁,造成民间懂外语的人数日益减少,原来已经非常险恶的外语学习环境雪上加霜。②创刊于这个时期的《中国丛报》在发刊词中说:"三十年前,这里没有一个人能从中文翻译成英文,也没有一个天子的子孙能正确地阅读、书写英语或者说英语。"③

然而,晚清时期却形成了一股英语学习的热潮。其影响因素如下:第一,外商、外资、外国驻华机构及来华外国人数量的激增;第二,洋务运动开办的企业对外语人才的需求;第三,近代新型事业机构对外语人才的需求;第四,新式学堂及教育对外语人才的需求;第五,思想观念的转变。④

晚清学习英语的热潮具有四大特点:一是晚清近代化进程是引发英语学习热潮的主动力。二是晚清英语学习热潮是一股"自下而上"的热潮,

---

① 邹振环:《清代前期外语教学与译员培养上的制度性问题——与俄国、日本的比较》,载《社会科学辑刊》,2007年第1期,165页。

② 邹振环:《清代前期外语教学与译员培养上的制度性问题——与俄国、日本的比较》,载《社会科学辑刊》,2007年第1期,第166页。

③ 转引自陈旭麓:《近代中国社会的新陈代谢》,上海社会科学院出版社,2005年,第51页。

④ 季压西、陈伟民:《从"同文三馆"起步》,学苑出版社,2007年,第232-247页。

最先从社会下层开始，然后逐渐波及中上层官绅，最后直至朝廷官员及皇帝本人。三是晚清英语学习热潮还体现在英语教辅材料和工具书的编纂上。四是英语学习热带动了这些教材、辞书的编纂与刊行，而教材、辞书又进一步推动了这股热潮的深入发展。①

晚清和民国时期是我国历史上翻译活动的第三个高潮期，涌现了一些今日公认的翻译大师和许多杰出译者，我们有必要回头审视这个时期的外语教育。在没有系统记载的情况下，史学"窥一斑而得全豹"的治学方法为研究早期翻译教学提供了方法论借鉴。晚清和民国有许多翻译教材留存至今，从教材入手，结合人物和机构研究，可以还原教学理念、教学方法和教学组织，从中获取对今日英语和翻译教学的启示。

晚清外语教材研究的意义主要包括以下五个方面。

第一，以史料为基础，梳理晚清外语教材编写及出版的发展历程，可以为当前中国外语教育提供历史借鉴，从中发现中国最早期外语教材编写发展规律，为近代教材研究提供比较细致的研究视角，了解近代教材诞生之初的面貌，丰富中国教育史研究成果。

第二，可以丰富中外关系史研究领域的成果。研究汉语和外语接触早期在中国本土出现的教材，包括最初的词汇集和会话集，以及各种分级外语综合教材的文本，研究外语学习在中国的发展以及中国人如何接受完全异质化的语言所承载的新事物与新观念，研究中外关系史，这些研究有很大的学术价值。

第三，可以以古鉴今，为当代外语教材的发展提供历史借鉴，从而找到教材的发展与时代的联系。科学的外语教材编写始于晚清，外语教材的编写起到了开物启新的引领作用。晚清外语教材的编写是一个不断探索、不断发现、不断修正和不断积累的过程。通过梳理晚清外语教材编写的发展轨迹，我们可以更好地弄清外语教材的编写是如何由初期的无序混乱发展到后期的逐渐成熟，可以更好地理解民国时期外语教材百花齐放式大发展的原因。

第四，晚清外语教材文本研究可以为近代中外文化交流研究提供新视

---

① 季压西、陈伟民：《从"同文三馆"起步》，学苑出版社，2007年，第232页。

角。晚清时期是中国社会大变动时期，是中国"数千年来未有之变局"，是中外文化相互碰撞、相互交流的重要时期。在这样的变动局势下，中国一些开明知识分子奋发图强，力求通过主动接纳西学知识改变中国积贫积弱的局面。教材作为国家主流价值体系的一部分，是民族文化、社会进步和科学发展的集中反映，是实现培养人才目标的直接手段。晚清外语教材中关于中外文化传播的内容、方式等不仅可以为我们了解当时中外文化交流的情形提供真实的参照，也可以为我们了解当时中外文化交流的动态提供新视角。

第五，对教材发展的研究能够为当前文化建设做出一定贡献，有助于丰富我国人文学科的研究成果。[①]

近代中国外语教育的发展促进了当时的中国人从外部世界获取新的知识。研究晚清时期国人使用的英语和日语教材是考察晚清外语教育史的重要组成部分。晚清时期英语和日语教材使外语教学正规化、科学化，培养了外语人才和翻译人才，为当时的中国引进了大量的西方文明，引进了自然科学和社会科学知识，引进了大量的科学和人文术语，还使一些学科实现了近代化，促进了时代进步。同时，晚清时期英语和日语教材也提升了国民的人文品性，可以说具有不可忽视的文化价值。从这个意义上说，研究晚清时期英语和日语教材不仅可以呈现新式教材诞生之初的历史面貌，也能对研究我国的外语教育史和学习史提供一定的历史参照。外语教材的编写如同一张灵敏的试纸，它在清末民初不断变化的面貌，可以鲜明地反映出近代中国知识思想的深沉结构和时代变迁。[②] 在中国人睁眼看世界的过程中，这些外语教材如同钥匙，开启了中国人民新的智慧大门。

笔者查访了国内外图书馆馆藏的晚清国人使用的英语及日语教材。在中国，从馆藏目录来看，北京大学图书馆、国家图书馆古籍部、天津图书馆、上海图书馆、南京图书馆有部分当时的中国人使用的英语和日语教材的原件或复写本。在日本，资料相对集中在东京都立中央图书馆的实藤文库和国立国会图书馆的近代数字化资料库。由于年代久远和史料保存不善

[①] 孙广平：《晚清英语教科书发展考述》，浙江大学博士论文，2016年，第4-6页。
[②] 邹振环：《创办初期的商务印书馆：〈华英初阶〉与〈华英进阶〉》，载《东方翻译》，2011年第2期，第39页。

等，部分资料已经缺失不可见。虽然有些英语和日语教材在图书馆中能查到目录，但是原书仍然不可见，笔者对查访到的文本进行了整理与细节分析。由于部分教材涵盖的内容较多，为了方便行文，有些教材目录较长的教材，笔者整理放在附录中。

1 晚清国人学习外语的时代背景

19世纪是中国社会逐渐觉醒、开放的历史时期，19世纪下半叶更是一个动荡、转型的历史时期。在这一时期，中国的上层人士和知识阶层开始对西方世界有了新的认识。思想的变化使人们开始了新的思考，逐渐形成了变革求新的理念。这是外语教学特别是外语教材出版逐渐兴盛的主要原因。[①]

晚清时期关键性术语使用的变化证实了国人对西方理解的加深。与西方有关的事务在19世纪60年代以前大体上被称为"夷务"，在70年代和80年代被称为"洋务"和"西学"，90年代被称为"西学"。第一个名词体现了中国中心主义，第二个名词不褒不贬，而最后一个名词明显有拔高的意思。晚清自强运动的提倡者曾国藩、李鸿章和奕䜣等人最初碰到西方人时都是持排斥态度的，随着对西方理解的加深，他们变得越来越灵活和注重实际。

我国近代外语教育的发生发展也是经济因素直接或间接影响的结果。经济因素主要指新的生产方式、国际经济关系、各国经济发展程度等。在近代，日、俄、英、美等国向中国的进出口贸易大幅度增加，与中国的经济关系密切，刺激了语言教育活动的开展。同时，中国当时的资本主义经济有了较大程度的发展，涉外经济关系也在加强，这同样刺激了对外语人

[①] 张英：《启迪民智的钥匙——商务印书馆前期中学英语教科书》，中国福利会出版社，2004年，第13页。

才的需求。此外，外语学人如留学归国人员较高的经济待遇也是刺激近代外语教育发展的一个重要因素。①

可以说，我国教材事业的发展是近代中国社会发展的必然结果，得益于三种进步力量的良好互动。

> 一是近代新的国民教育体系提供了时代的大平台。1903年清政府颁布"癸卯学制"，统一全国学制，建立了以小、中、大学三级学制为中心，辅以实业和师范学堂的教育体系。它标志着我国从此有了较为完备的近代国民教育体系，后为民国所继承，影响至今。……二是由知名学者组成的强有力的编纂队伍的推动。……三是新兴出版业的热心投入。②

中国人自编英语教材也迎来了发展的历史契机，表现在以下两个方面。第一，西学的传播为英语教育在中国的传播带来了间接影响。第二，英语教学成为中国普通教育的重要部分。1903年，《奏定高等学堂章程》规定，学习文科的学生"英语必通习，德语或法语选一种习之"；学习理科的学生，"外国语除英语外，听其选德语或法语习之"；学习医科的学生，"外国语于德语外，选英语或法语习之"。清末设立的中央教育行政机构学部第一次审定了初级师范学堂暂用英语教材书目7部。③

关于晚清外语教学，鲁迅用一段生动的文字做了描述。甲午战败后"老新党"们为了维新，于是"便是三四十岁的中年人，还要学英文、学日文，硬着舌头，怪声怪气的朗诵着，对人毫无愧色，那目的是要看'洋书'，看洋书的缘故是要给中国图'富强'"④。"老新党"们的见识虽然浅陋，但是有一个目的——图"富强"，所以他们态度坚决。学洋话虽然怪声怪气，但是有一个目的——求富强之术，所以他们认真又热情。鲁

---

① 粟高艳：《世界性与民族性的双重变奏——世界化视野中的近代中国基础外语教育研究》，华中师范大学博士论文，2008年，第238页。
② 郑师渠：《序言》，载毕苑：《建造常识：教科书与近代中国文化转型》，福建教育出版社，2010年，第1页。
③ 孙广平：《晚清英语教科书发展考述》，浙江大学博士论文，2013年，第342页。
④ 吕达：《中国近代课程史论》，人民教育出版社，1994年，第141页。

迅对当时一些人为国家为民族图富强而发奋学习外语的精神表示了赞美。他同时也抨击了一些人把外国语当作敲门砖的自私自利思想。他说:"中国国立学校来学这四国语(按指英日法德)为时已久,开初并不过意在养成使馆的译员,但后来却展开,盛大了。学德语盛于清末的改革军操,学法语盛于民国的'勤工俭学'。学英语最早,一为了商务,二为了海军,而学英语的人数也最多,为学英语而作的教材和参考书也最多,由英语起家的文人学士也不少。"①

在日语学习方面,1882年,驻日中国公使馆开设东文学堂,1897年,广东设立东文馆。甲午中日战争后,"以日为师"逐渐成为一种社会风气,但无论是精英还是普通民众,人们长久以来的优越感依然挥之不去。虽然日本已经崛起,但中国并没有将日本视为真正独立、与己平等的国家,在以"日"略称日本固定下来之前,相当一段时间内仍然继续沿袭以"东"来指代,如"东邦""东学""东语""东文"等。"东文""东语"与"西文""西语"相对,甲午中日战争失败以后,国人有一种耻辱感,避免将中国和日本并称。和晚清英语学习一样,国人对日语学习的态度也发生了变化,由轻视日语学习到有了比较科学的日语观。

从晚清国人使用的英语及日语教材的凡例中可以看到这些教材的编写目的,当时中国的落后导致人们借助外语学习新知识,试图通过外语学习实现国家富强,通过外语学习借鉴欧美和日本当时较为先进的文化。

以日语教材《东语入门》为例,作者陈天麒,生平不详。他在自序中写道:

> 当谓万国之语言文字,既不能强同,则凡具有血气心知、聪明才力者,正宜各尽所学,以期无所不通、造于无所不便而后快。自各国通商以来,我华人之攻读英法诸文者,日甚一日,惟研究东学者寥寥。盖亦苦于未得其门耳。按日本字与语同,四十八字母,一字一音,聚音成言,就言见义,或两三字成一言,或五六字成一义,间有七八字至十数字者,颇似西文拼字之法。以视我国每字各具其意者,

---

① 吕达:《中国近代课程史论》,人民教育出版社,1994年,第142页。

判然不同矣。余自乙酉年，随家大人使日本，举业之暇，兼习东西文语。在东京六年，该国语言文字略能会通一二，愧未博究其奥，讵敢自矜，有得出以问世。然既稍有所知，又乌敢私以自秘。况两国近又修睦，增开商市。东人之来我华者愈多，贸易日盛而顾无人焉。辑一书以启后学，窃虑言语不通，情必扞格而易启猜嫌。爰不揣浅陋，辑译是书，注以华音，既竣友人怂恿付印，因志数语于简端。①

从自序中我们可以看出当时编写《东语入门》的时代背景是清政府与各国通商后中国人纷纷学习外语。这一时期许多人学习研究英语和法语，但学习和研究日语的人寥寥无几。学习日语的人此时找不到合适的学习方法。作者1885年随父亲驻日，随后在日本六年，为两国通商友好而撰写了此书。从这篇自序中我们还不难看出，作者的日语语言观仍然受到汉语的影响，认为日语字和词不分。他又把日语与西方语言做了对比，得出日语的拼字之法与西方语言拼写方法类似的结论。此外，他设想的日语学习者是在中国国内生活的人，为了达到与日本人进行简单的通商交流的目的而学习日语。

首部由国人编写的具有科学日语观的教材《东语正规》在序言部分阐明，编写该书是为了满足有识之士向日本学习先进文明的语言学习需要。序言还印证了该书的受欢迎程度，讲到该书多次销售"告罄"，由于在中国刊印发行不便，不得不在日本刊行。

岁辛丑之冬，期满将归，思谋输入东邦文明以享吾同胞之有志新学者译述之书多至十余种。已成矣。正谋付梓，适东语正规又将次告罄，以东文之书在中国发印殊未便，故不能不在东付刊，窃思我国当兹创巨痛深之后有志之士旋思磨脑力以为变法用，将来东渡留学者更当不绝于道，则输入文明之先导不得不求之于语学也。②

---

① 陈天麒：《东语入门》，出版信息不详，1895年，第1—2页。标点为笔者所加。
② 唐宝锷、戢翼翚：《东语正规》，作新社，1900年，序言第1页。

1895年后，中外经济、文化交往进一步扩大，在得风气之先的通商口岸地区兴起了学习外语热潮，学习的主要语种是英语、法语、日语和俄语。人们学习外语的热情主要受到以下三个因素的影响：第一，接受当时先进的西方自然科学和社会科学必须以外语为先导；第二，懂外语是青年学子进入新式学校的必备条件；第三，以外语为谋生手段的机会大大增加。①

　　在沿海沿江的通商口岸城市，尤其是最大的通商口岸城市上海及其周围地区，人们的学习热情更高。这表现在官方增设外语课，创办外语学校，通过正规教育培养外语人才，以适应社会需要；作为正规外语学习的一种补充，各种形式的外文补习班大量出现，以适应各类人士对外语学习的需求；各类补习班也大量涌现，在授课时间上主要有日馆和夜馆两种形式。②

　　晚清英语教材的发展历程还与对外关系发展紧密关联，主要体现在以下三个方面。

　　第一，鸦片战争前中国呈现封闭状态，仅在广州、澳门等极少数对外开放口岸出现了一些为中国通事、外国商人提供劳务服务的下层劳动人民学习英语口语的《红毛番话》读本，即"洋泾浜英语"的读本，这些教材是晚清英语教材的雏形。

　　第二，鸦片战争后，中国被迫打开国门，晚清英语教材迎来缓慢发展的时期。传教士、同文馆和民间编写的教材与中国社会的巨大变革相关，它们展示了中国对外交流的步伐。中国人开始着手编写具有现代教育意义的英语教材，表明中国人对外语语言、对西方文化从鄙夷到渐趋接受。

　　第三，甲午战争后，中国对外交往进一步加强，晚清英语教材渐渐成熟。新式学堂广泛成立，清政府下诏实行具有现代教育意义的《钦定学堂章程》，在中国建立大、中、小三级学校教育体系。英语作为一门必修主课，获得了空前的重视，英语教材在当时强烈的社会需求中也获得了极大的发展。③

---

① 闵杰：《近代中国社会文化变迁录》（第二卷），浙江人民出版社，1998年，第127-129页。
② 闵杰：《近代中国社会文化变迁录》（第二卷），浙江人民出版社，1998年，第131页。
③ 孙广平：《晚清英语教科书发展考述》，浙江大学博士论文，2013年，第399页。

晚清外语教育机构

在西方帝国主义入侵的历史背景下,洋务派应运而生,发起了洋务运动,其目的是求强求富,抵御外患,防范内忧,维护清政府的统治。晚清有识之士提出"师夷长技以制夷",以奕䜣、曾国藩、李鸿章、左宗棠、张之洞等为代表的洋务派深刻地认识到要振兴国家必须培养人才。培养精通外语尤其是英语人才迫在眉睫。这也是清政府在现实屈辱中不得不面临的问题,1858年中英《天津条约》规定以后英国递送给清政府及地方官员的文书都用英文书写。西方列强东来也就意味着中国开始被迫纳入以西方为中心的新的外交和国际体系,传统的以中国为中心的朝贡体系开始瓦解。外语翻译人才稀缺的问题日益突显。

清朝统治者不能不承认进行外国语和科学知识教育的必要,这一时期出现了新式教育的萌芽。洋务教育不同于传统的封建旧式教育,在内容上增加了西文和西艺课程。学堂设置的课程主要有国语、英文、法文、俄文、德文、日文和希腊文。学堂的目标是培养翻译人才,其后因为培养掌握科学技术人才的需要,又增设了舆地、算学、化学、医学、生理、天文、物理等自然科学以及万国公法之类的课程。① 外语课程在晚清公立学校中受到相当重视,课时占极大比例。各校一般开设的外语语种是英语和日语。外语教师的编制名额一般有保证。

---

① 史革新:《中国文化通史:晚清卷》,北京师范大学出版社,2009年,第413页。

洋务学堂的开办以外语学堂为起点。我国近代第一所新型学校——京师同文馆（1862）是一所以外国语言文字为主要课程的洋务学堂。此外，著名的外国语学堂还有上海广方言馆（1863）、广州同文馆（1864）、湖北自强学堂（1893）等。1889 年，应李鸿章聘请，吴汝纶担任保定莲池书院主讲，创办英文学堂、日文学堂。学堂拥有中国传统学术的深厚功底，对西方文化采取积极态度，受到当时知识分子的拥戴。当时考试的内容包括中外文互译，以总理衙门与各国来往的照会①为主。此外，考试的内容还包括口试和会话。学堂在培养学生时，从"单纯的翻译"，只具有外语知识和能力的旧式翻译，到培养不仅具有外语知识和能力，同时也具有自然科学知识的新式翻译。

2.1 京师同文馆

在奕䜣等人的努力下，1862 年京师同文馆成立。京师同文馆系统较为完整，发育较为成熟。它既是一个典型的教育组织和学校组织，又在不同程度上体现了外交组织、行政组织、翻译组织、文化组织、学术组织、传播组织、出版组织、科技组织的色彩。② 最初只有英、法、俄文三馆，后来增设布（德）文和东（日）文馆，旨在培养掌握外语和专业知识的复合型外语外交人才。

京师同文馆制订了中国历史上第一份分年制教学计划——"八年课程表"，将当时西方先进的自然和人文社会科学引入中国的课程体系，这种做法可以被视为中国近代课程标准的先声。③ 京师同文馆开展以翻译为特色的教学，以培养外交翻译人才为己任，重视外语经验的积累，以提高实际应用能力为导向。教学分为初期和中后期两个阶段。初级阶段纯粹以语言学习和翻译实践（含出国进行翻译见习）为主。中后期阶段除了语言学习和翻译实践，还增加了西学课程的学习。学生参与外交文书和西学

---

① 照会指官署通知的文件。
② 陈向阳：《晚清京师同文馆组织研究》，广东高等教育出版社，2004 年，第 5 页。
③ 张美平：《京师同文馆外语教育研究》，浙江大学出版社，2017 年，第 204 页。

书籍的翻译，出任驻外使领馆工作人员及出洋留学。京师同文馆重视实践的取向造就了一批实际应用能力较强的外交翻译、驻外使节、教学与管理人才以及科技人才，对其他新式学堂起到了引领作用。

京师同文馆在1870年以前的课程主要是外文与中文。19世纪70年代以后，增加了不少新的课程。1876年，总教习丁韪良编制新的课程表，分成两类：一类为年纪较小，既学外文又学新学的学生所用；另一类为年纪较大，不学外文，只通过译本学习新学的学生所用。前者分为八年，后者分为五年。八年制课程如下：

  首年 认字写字，浅解辞句，讲解浅书。
  二年 讲解浅书，练习文法，翻译条子。
  三年 讲各国地理，读各国史略，翻译选编。
  四年 数学启蒙，代数学，翻译公文。
  五年 讲求格物，《几何原本》，平三角弧三角，练习译书。
  六年 讲求机器，微分积分，航海测算，练习译书。
  七年 讲求化学，天文测算，《万国公法》，练习译书。
  八年 天文测算，地理精石，《富国策》，练习译书。①

根据这份八年制课程表，学生从第五年起学习译书，一直持续到第八年，学程长达四年。作为译书知识和技能的前期准备，句子翻译、段落翻译等在第二年就已经开始。学生在馆的八年时间里，大部分时间都在学习翻译，借助翻译实践来促进自身对语言的掌握。学生在学习外语的同时，打下了各门学科扎实的基础。当时英文教学内容与科学密切联系，外语教学与国际公法、经济学、化学、医学、历史地理相结合，使京师同文馆摆脱了狭隘的译员学堂的性质，后来具有现代意义的高等教育初具雏形。

清朝末年，为了全面学习西学，清政府于1902年颁布了我国近代教育史上第一个学制——"壬寅学制"。在"壬寅学制"中，修身、读经、词章等中学课程为每周8课时，英语和西学分别为每周9课时和20课时。

---

① 熊月之：《西学东渐与晚清社会》，中国人民大学出版社，2010年，第239-240页。

1903 年清政府颁布实施了"癸卯学制",中学课程增加到每周 14 课时,英语和西学分别降为每周 8 课时和 14 课时。①

京师同文馆所用教材来源有三。一是原版外文教材;二是中文已有或已译为中文的书籍,如《九章算法》《几何原本》;三是教习自编,如司默灵编写的《法国话料》《法国话规》、丁韪良撰写的《格物入门》。馆中设有书阁即图书馆,存放各种中外文书籍三千多册,供学生阅读参考。② 京师同文馆建立了印刷所(也称出版处),该印刷所备有中文活字和罗马体活字,可以印刷京师同文馆师生翻译的书籍及试卷,是中国最早的高校出版社。《英文举隅》就是这个印刷所印刷的。③ 从此以后,中国英语教材的发展逐渐走向正规化、多样化和学科化。

京师同文馆在办学过程中,始终重视实践,贯穿学以致用的教学原则,具体表现在下面四个方面。④

第一,中西并举,知识结构全面,自始至终重视汉语学习。

第二,翻译实践性贯穿课堂内外,学生通过参与译书,被派出考察,参与外事活动等多元化教学模式逐步培养外语能力。

第三,语言测试紧密联系翻译实践。1898 年外语大考内容除了照会翻译,还增加了三段文字翻译题,分别摘自奏折、文学作品和科普读物。试题对学生的语言知识、词汇量、句法结构、综合知识进行全面考察。

第四,外国教习参与教学与管理。京师同文馆的教习按照级别与职责不同,分为总教习、教习和副教习。1869 年开始设总教习。1869 年到 1901 年共聘任丁韪良(William Alexander Parsons Martin)和欧礼斐(Charles H. Oliver)两位总教习。⑤

京师同文馆的学生不仅要学习外国语言文字,还要学习西方自然科学、社会科学和人文学科知识;不仅要学习书本知识,还要参加各种专业

---

① 顾卫星:《传统与创新:试论晚清英语教学特点及其启示》,载《外语与外语教学》2009 年第 5 期,第 28 页。
② 熊月之:《西学东渐与晚清社会》,中国人民大学出版社,2010 年,第 240 页。
③ 孙广平:《晚清英语教科书发展考述》,浙江大学博士论文,2013 年,第 137 页。
④ 刘纯:《京师同文馆的翻译实践导向性外语教育及启示》,载《大学教育科学》2011 年 5 期,第 77 - 79 页。
⑤ 孙广平:《晚清英语教科书发展考述》,浙江大学博士论文,2013 年,第 124 页。

实践和社会实践；不仅在课堂学习，在学校学习，还要走出课堂，走出校园，甚至走出国门。此外，除了继续主要培养新式翻译和外交人才为主，也兼及培养一定的科技人才、管理人才和教习等。①

在近世走向现代组织、走向现代社会的历史过程中，京师同文馆率先起跑，其领跑者形象已载入史册。"历40年的演变兴衰，铸就了一个过渡组织的典范，塑造了一个现代组织的胚胎，这就是京师同文馆组织的历史定格。"②

晚清设立的各种外语学校在组织目标、组织名称、组织形式、组织结构、组织功能、组织活动、组织规则、组织管理乃至组织起源等方面，都不同程度地取法和借鉴了京师同文馆的组织模式。京师同文馆不仅在规模和地位上在相当一段时期内是晚清外语学校的"魁首"，一度也几乎成为外语学校的"行业标准"或同业楷模。③

京师同文馆所进行的翻译出版活动，解决了当时教材、书籍匮乏的困难，不仅对京师同文馆的教学和人才培养起到了直接的推动作用，取得了积极的效果，也产生了广泛的社会影响，在近代中国翻译史和出版史上具有十分重要的地位和意义。京师同文馆组织学生参与译书的另一个重要意义是开近代新式学堂系统翻译教材之先河。这一时期，京师同文馆培养出来的优秀学生代表有汪凤藻、贵荣、联芳、庆常、杨枢、熙璋、凤仪、席金等。

京师同文馆是晚清新式专业学校或专门学校的始祖，开创了在学校组织内部按照不同专业设立不同教学机构的方法和路径，成为后来专业院、系、科等建制的最初原型。京师同文馆创设的分馆教学、分班授课和分年排课等教学组织方法，在晚清学校组织结构和组织功能改革方面具有开创性意义。④

京师同文馆的学生们，不仅在学业有成之后到政府各个部门任职，为加强中国与其他国家的交往付出努力。他们在京师同文馆学习期间，利用

---

① 陈向阳：《晚清京师同文馆组织研究》，广东高等教育出版社，2004年，第122页。
② 陈向阳：《晚清京师同文馆组织研究》，广东高等教育出版社，2004年，第376页。
③ 陈向阳：《晚清京师同文馆组织研究》，广东高等教育出版社，2004年，第322－323页。
④ 陈向阳：《晚清京师同文馆组织研究》，广东高等教育出版社，2004年，第324页。

所学知识与外语优势，编译了一些传播西方文化知识的书籍，推进了中国西学的发展。

绝大部分京师同文馆的学生在毕业后担任翻译，从事外务活动。有的在总理衙门担任翻译，有的被任命为各省外交的翻译，有的被派遣国外，担任高级外交官职。据粗略统计，在1911年以前，京师同文馆毕业学生中出任驻外公使的先后有汪凤藻、张德彝、胡惟德、颜惠庆、陆征祥等21人。此外，京师同文馆毕业学生中也有参与内政的。有的担任各地知县、知府，有的加入电报局，有的担任制造局、船政局、军事学校的要职。京师同文馆的优秀毕业生，曾经担任过光绪皇帝英文老师的张德彝，曾于1901年至1906年出使英、意、比等国，成为一名职业外交官。

京师同文馆等外语学堂的创设和发展，在中国教育发展史上有特殊的意义，不仅造就了一批外交人员，而且在教学内容中增添了西学知识，为以后中国新式学堂的创立提供了借鉴，为中国近代教育的发展奠定了基础。京师同文馆的贡献还在于在一定程度上扭转了国人对西学的看法，为西学进入科举考试的内容并最终废除科举创造了条件。

2.2 上海广方言馆

上海广方言馆的教学内容中，英语学习占很大比重，教学方法同中国旧时教学法一样，强调熟读课文的重要性。英文课程并不是单纯的语言课，而是把英语学习与其他科目学习，如数学、化学、物理、历史等结合起来，使语言学习和内容学习相结合。[1]

上海广方言馆旨在培养国学根基深厚的学生，要求学生兼学算学、西方的语言文字，要求他们学贯中西。上海广方言馆有较为严格的学习奖惩制度，那些学习西方的语言文字没有进步之人，就会被淘汰出馆。对于学习有进步的学生，不仅有赏银的奖励，成绩优异者还可获得功名。这些机

---

[1] 孙广平：《晚清英语教科书发展考述》，浙江大学博士论文，2013年，第133页。

制对于学生学习西方语言文字,起到了不小的促进作用。①

上海广方言馆英文教习有林乐知、黄胜、严良勋、汪凤藻、朱格仁、沈佑甫、瞿昂来、凤仪、朱敬彝等。

上海广方言馆所译各类书目中,有舒高第译述、朱格仁笔述的《英话入门》。1879年毕业于上海广方言馆的吴嘉善,在1881年前完成了英汉对照教材《翻译小补》,该书可能是当时上海广方言馆的外语教学参考书。该书在1907年至1933年期间曾被上海商务印书馆一再印行,可以看出其受欢迎的程度。上海广方言馆毕业生杨勋撰写的六卷本《英字指南》,1879年由美华书馆出版并多次再版,国家图书馆古籍部有其藏本。1901年,商务印书馆出版了《英字指南》增订本,名为《增广英字指南》②。《英字指南》影响很大,早期很多初学者都把这本书看成学习英语的教材,比如《华英初阶》和《华英进阶》的作者谢洪赉就曾在闲暇时间研习《英字指南》。

在上海广方言馆担任英文教习的有美国传教士林乐知(Young John Allen,1836—1907)。他在担任上海广方言馆英文教习时,针对学生入学时英语基础不同的情况,因材施教,采取了分班教学方法。学生被分成三个班,第一个班学生英语水平较高,有英语语法知识基础,第二个班学生英语基础较差,第三个班学生没有什么基础。不同班级使用不同教学材料,以提高学生学习兴趣,这样分班教学的方法,其教学效果明显。

林乐知以双重文化身份,亲身经历了历史悠久的中国和经济发达的美国两种不同文化,集传教士、翻译家、教育家和报人身份于一身,对西学东渐、中学西传、沟通中西文化交流和促进中国近代改革做出了一定的贡献。他创办了闻名一时的中西书院和中西女塾,还为中国教会学校课程的拟定、清政府学制改革提供了不少建议。③

据林乐知记载,在他担任英文教习期间,当时清政府设在上海的税务机构江海关道每个星期天下午都要对学生进行考试,方法是叫学生们将简

---

① 孙广平:《晚清英语教科书发展考述》,浙江大学博士论文,2013年,第132页。
② 该书在上海图书馆有馆藏。
③ 卢明玉:《译与异:林乐知译述与西学传播》,首都经济贸易大学出版社,2010年,第3页。

短的英文照会译成中文。这些照会都是道台大人最近一周从美国或者英国领事馆收到的。由于这些照会同时附有一份中文译本,所以这位不懂外文的道台大人,也就能够对照领事馆的文件,检查每个学生的翻译水平。林乐知认为这是一种非常有效的考试方式。① 林乐知英语教学采用的素材主要有短语集（phrase books）、英语读本（readers）和一些经过改写的包括寓言故事的基督教宣传小册子。

据熊月之统计,到 1905 年上海广方言馆改为工业学堂之前总共 42 年的办学时间内,该校共培养了不下 560 名学生②,其毕业生服务于外交界的有周传经、唐在复、陆征祥、刘境人、刘式训、胡维德、翟青松、戴陈霖等。有些毕业生成为其他行业佼佼者,如晚清有名的翻译家钟天纬、张坤德、瞿昂来、李景镐等。心理学家陈大齐曾就读于上海广方言馆,吴蕴初也曾于 1901 年在上海广方言馆学习。

京师同文馆、上海广方言馆等学堂是中国现代化运动的开路先锋。奕䜣等人通过学堂这一集教学、翻译与出版为一体的传媒机构,介绍西方自然科学、应用科学和人文社会科学及其成果,在相当一部分官员、士绅和普通知识分子中产生了影响,潜移默化地改变了他们的知识结构、价值观念、思维方式和行为习惯。

2.3 教会学校

第二次鸦片战争结束后,中国教会学校的发展呈逐渐上升趋势。当时的清政府在与英法联军对抗中遭到惨败,在国内有识之士的倡议下,决心向西方学习。教会学校不仅在不平等条约的庇护下得到发展,更是借助洋务运动这一历史契机发展壮大。

由于当时的清政府不能提供相应的国民教育,教会学校在这一时期兴盛起来。国家公办的学校和教会学校都教授修辞和作文。中国近代最早的

---

① 熊月之:《西学东渐与晚清社会》,中国人民大学出版社,2010 年,第 270 - 271 页。
② 孙广平:《晚清英语教科书发展考述》,浙江大学博士论文,2013 年,第 133 页。

资本主义新学的传播，近代化课程和教材的编订，以及近代教育制度的建立，在某种意义上可以说是由教会学校开其先河的。学习教会学校西学课程传播的科学文化知识是当时中国人吸收西学的一条重要途径，这些科学文化知识反过来成为动摇旧统治、旧教育的思想武器之一。

教会学校在晚清中国历史上的积极作用表现在以下四个方面。第一，加速了旧中国传统文化中保守、腐朽成分的分崩离析。透过教会学校这一特殊的代表西方文化的"窗口"，人们在重新评价中国传统文化时有了一个新的参照系，改变了过去那种盲目自大的态度，认识到变革的必要性和迫切性。第二，它冲击了中国旧式教育制度，使旧式学塾和书院让位于新式学校。在某种意义上说教会学校开创了中国新式教育风气之先河。第三，它带来了一些西方教育思想，如培养通才的价值观念、知识结构和素质要求，反映了新兴工业社会的要求。教会学校的教学方法反映了资本主义自由竞争的原则，倡导个人独立钻研，主张学术自由。第四，它的学科设置打破了中国传统书院制度的狭隘性、片面性和神秘性，开设了文、理、医、工、农等科，培养了中国近代化进程中的技术和文化骨干。①

该时期知名的教会学校有上海的圣约翰大学、武昌的文华中学、北京的崇德中学和燕京大学。圣约翰大学的学生中出现了顾维钧和宋子文这两位近现代历史上著名的外交家，林语堂也曾就读于该校。这些教会学校的兴办表明外语教育开始从下层走向上层，从宗教走向世俗。教学内容中也增加了商务英语等实用型英语教学内容，从而迎合社会需要。

此外，清华学校也是当时有名的一所学校。作为一所留美预备学堂，清华学校有着充足的经费和良好的英语师资。教师与学生对学习英语的目标一致认同，无论是教师还是学生，都愿意在英语学习上投入最大的热情和最多的学习时间。学校为学生设计了很大比例的英语课程，选用原版的文选型、语法型和综合型的英语教材和课本，利用外籍教师的语言资源，在课堂上从语音、文法、习字、讲述等方面全面培养学生的口头表达和书面写作能力。值得一提的是，有的美国教师在学习上采取"纯用质问"的教授法，鼓励学生自主学习、独立思考。课余时间，教师组织或鼓励学

---

① 史革新：《中国文化通史：晚清卷》，北京师范大学出版社，2009年，第447-448页。

生参加英语演讲会和辩论会，还鼓励学生组织自己的学生社团"英文会"，让学生通过演讲和辩论，进一步提高英语口头表达能力，使他们善于辞令，有临场发挥的能力。外教和学生密切的接触，对于学生提高英语口语能力、直接接触西方文化都有好处。

3 推动晚清外语学习的重要人物

鸦片战争后，中国被迫五口通商，处于弱势地位，面对当时西方先进的科学技术和强大的经济实力，弱势的一方开始向强势的一方学习。面对西方强势的经济、军事及文化入侵，一些思想敏锐的中国人在与西方进行政治外交、对外贸易等活动中认识到外语学习在提高中国实力方面的重要性。这为中国人自编外语教材提供了良好的发展契机。鸦片战争后，中国人才开始真正主动、认真地对待外语学习，中国也正式开始了自编正规外语教材的历程。由于这一阶段编写者人群有限，编写教材种类有限，所编著的外语教材受众有限，我们可以将此阶段称为中国外语教材编写的初步尝试阶段。这一时期编写者有两个群体：一是在清政府开办的洋务学堂中受过外语语言教育的中国人；二是曾经接受过西方教会学校教育的口岸民众，或与西方商人等有过密切往来的买办商人等。

这一时期也涌现了一批英语及日语教师，他们为当时学习外语的中国人编写外语教材，积极探索适合的教学方法，做出了很大的贡献。

3.1 英语教师

3.1.1 马礼逊

马礼逊是西方派到中国的第一位基督教新教传教士，编辑出版了中国历史上第一部英汉字典——《华英字典》。马礼逊在马六甲创办了英华书院，为中国人学习英语编写了中英对译的英语语法教材《英国文语凡例传》，该书是中国历史上第一部中英对译的英语教材。这一时期还出版了由皇帝命令颁布而编写的《英吉利国译语》，民间也因商业运作而刊刻了各种红毛番话类读本等。

《英国文语凡例传》原版藏于英国大英图书馆，是第一部正规的、非洋泾浜语教材。① 英文书名是 A Grammar of the English Language for the Use of the Anglo-Chinese College，1823 年由东印度公司出版，编写内容循序渐进，适合启蒙学习。该书分为四大部分：字头论、字从来论、字成句论、字音韵论，即现在语法界的拼字法、词源学、句法学和音韵学。目前笔者手中可以查到的版本是 2008 年由大象出版社出版的《通用汉言之法和英国文语凡例传》② 的影印版。

孙广平研究对比了 1797 年初版和 1819 年第九版《简明英语语法》（Abridgment of Murray's English Grammar）中的九大词类，认为马礼逊完全有可能借鉴了默里的语法书《简明英语语法》。③

1843 年马礼逊学堂迁至香港后开设英文课。容闳、黄胜、黄宽、唐廷枢等都是该学堂优秀的毕业生，他们凭借自己的英文知识为中西文化的传播做出了杰出贡献。

马礼逊学堂英语教学法主要包括三个类别。

第一，点线面教学法。具体来说，第一步，先给出单词或词组，要求学生写出原文中的句子。第二步，给出原文句子，但是有意省略一些关键词或词组，要求学生用同义词替换，使学生掌握不同的表达方式。第三步，给出原文句子，要求学生对句子进行改写，如主动变被动、长句变短句，让学生用不同的表达方式表达同一含义，同时训练学生的逻辑思维能力。

第二，讨论式互批法。让全班同学集体审阅每一位学生的文章，指出其中的错误和不足。如果作者本人不能立即给出修改方案，其他同学则及

---

① 孙广平：《晚清英语教科书发展研究》，中国社会科学出版社，2016 年，第 45 页。
② 该影印版本是把《通用汉言之法》和《英国文语凡例传》合在一起印刷的。
③ 孙广平：《晚清英语教科书发展考述》，浙江大学博士论文，2013 年。

时给予帮助。这种互动式方法不仅可以调动学生的积极性，更重要的是能让学生取长补短，共同进步。

第三，阅读与语法相结合。讲解段落时，先把它分成若干复合句，分析复合句结构，搞清楚什么是主句，什么是从句；再进一步细分为更小的语言结构——单词或词组，阐明它们的功能。这种在语言情境中学习语法的方法，避免了枯燥无味的语法条例，让学生学会观察具体语法现象并对语法规则进行分析归纳，让学习和运用相结合，使语法学习不再艰深晦涩。①

马礼逊开办的英华书院除了开设英语语言课程，训练学生的阅读、写作能力，还将天文、历史、地理、数学等近代基础科学知识也纳入英语课程范围，这种以内容为基础（content-based）的课程设置独具特色。②

英华书院在教育目标上，不同于传统的以道德教育为本，而是倡导德智体全面发展；在教育内容上，不同于以往仅钻研四书五经，教育与现实生活脱离，而是引进自然科学课程，实现教育与生活相结合；在教学方法上，不同于传统单一呆板的大锅饭模式，而是倡导分班分级教学，采用多样化教学方法训练思维能力和实际操作能力。中西合璧的教学内容不仅被后来的教会学校广泛采纳，而且为洋务运动中创建的官办学堂所借鉴。③

3.1.2 傅兰雅

最早于1865年提出在教会学校开设英语课的是上海英华学堂首任校长傅兰雅（1839—1928）。

傅兰雅在洋务运动中向当时的中国人介绍、宣传科技知识，翻译各种科学著作达113种。1863年他受聘担任北京同文馆英语教习，1865年转任上海英华学堂校长。

---

① 张丽君：《晚清新教传教士英语教育的历史考察——以教会学校为视角》，华中师范大学博士论文，2016年，第80页。
② 张美平：《晚清外语教学研究》，中国社会科学出版社，2011年，第34页。
③ 张丽君：《晚清新教传教士英语教育的历史考察——以教会学校为视角》，华中师范大学博士论文，2016年，第82－83页。

傅兰雅在语言教学中提出了分班教学模式：复习检查—新授课程—以练代讲—预习新课模式。① 傅兰雅执教期间，上海英华学堂共开设四节英语课，每节课持续一个小时，从早上 9 点到下午 1 点。第一节课复习检查头一天所授课程的掌握情况，没有达到要求的人要在 1 点钟课程结束后自行补上不足部分。第二节课讲授新课，通常为 20 个左右新单词的语音和用法讲解。第三节课让学生练习写作，学堂委员会对学生进行评判。第四节课介绍第二天的新课课程，以供学生预习。②

傅兰雅提倡小班教学，培养出的优秀学生代表如颜惠庆。颜惠庆投身于外交领域，担任过北洋政府的总理、外交总长、驻外公使、外交首席代表等重要职务。

3.1.3 斋藤秀三郎

斋藤秀三郎是日本明治时期著名的英语教育家。斋藤秀三郎的《正则英文教科书》在日本英语学界和留日学生中有很大的影响，如宋教仁在 1905 年到达日本后不久便在留学生会馆购买了该教材。③ 该教材通过留日学生传入中国，在中国被译成汉语并产生了较大影响。

斋藤秀三郎编写了系列《正则英文教科书》。"正则"，按照福泽谕吉 1883 年的《要提高洋学的地位》的说法，西洋人在日本直接传授的学问称"正则"，由日本洋学家向学生辗转传授的称"变则"。④ "正则"类似于汉语的"正宗"。晚清时期对留日学生的英语学习影响最大的日本外语学校，可能就是正则英语学校。该校又称正则英语预备学校，1896 年由斋藤秀三郎创立，是当时日本颇有影响的一所专门教授中等和高等英语的学校。该校的第一方针是让教师喜欢教，学生乐意学。该校强调英语教材

---

① 张丽君：《晚清新教传教士英语教育的历史考察——以教会学校为视角》，华中师范大学博士论文，2016 年，第 89 页。
② 张丽君：《晚清新教传教士英语教育的历史考察——以教会学校为视角》，华中师范大学博士论文，2016 年，第 90 页。
③ 刘泱泱：《宋教仁日记》，中华书局，2014 年，第 34 页。
④ 福泽谕吉：《福泽谕吉教育论著选》，王桂、朱宁波、杨舒译，人民教育出版社，2005 年，第 49 页。

的原版性，将培养学生全面的语言能力作为英语学习的首要目标。① 陈独秀、苏曼殊、章士钊、郑贞文、杨端六等曾经在东京的正则英语学校就读。

斋藤秀三郎在他编写的英语教材中使用的语法术语有代名词、副词、接续词、准动词（不定词、分词、动名词）、冠词、前置词等。《正则英文教科书》使用的一些语法术语至今仍然在使用，例如：冠词、定冠词与不定冠词、形容词、代名词、动词、名词单数与复数、固有名词与普通名词。

斋藤秀三郎编写的另一部教材《英语捷径》没有我们现在语法练习中常见的填空或者选择改错等，其语法练习以翻译句子的形式出现，这与现代英语教学理论中任务型教学法不谋而合。将对话、语法、练习融于一体的编写方式至今仍然在英语教材编写中使用，即通过语言文本先行输入，再讲解英语语法，这种方法有很强的操作性和实用价值。

3.1.4 汪凤藻

汪凤藻（1851—1918），字云章，号芝房，江苏元和（今苏州）人。早年在上海广方言馆师从著名传教士林乐知、归国留学生黄胜学习英语。汪凤藻是汪氏家族第一位系统接受西方教育的新式人才。②汪凤藻在家庭中受到了良好的中国传统文化熏陶，同时又接受了学校西方文化的教育，在两种文化共同哺育下成长。1863 年汪凤藻进入上海外国字学馆（即后来的上海广方言馆）英文班学习。1867 年，他因学习成绩优异被选派进入京师同文馆继续深造。进入京师同文馆后，因为中英文优秀并擅长算学，汪凤藻一直享受最高级别的膏火费（津贴）。汪凤藻中外文功底深厚，翻译了《富国策》《英文举隅》《中国古世公法论略》《新加坡刑律》《公法便览》等著作。汪凤藻是比较传统、守旧、忠顺的文人，是那个时

---

① 邹振环：《斋藤秀三郎与正则英语教科书在中国的编译与传播》，载《东方翻译》，2013 年第 3 期，第 38 页。
② 刘晓峰：《汪凤藻的译者惯习和资本及其在晚清翻译场域的轨迹》，载《外国语文研究》2018 年第 3 期，第 94 页。

代少有的同时具有英汉两种语言能力的人才。汪凤藻曾在一个月之内就独立翻译了《英文举隅》一书。汪凤藻在法律、政治经济学和英语文法翻译方面做出极大贡献，开启了近代中国人走上翻译舞台之先河，拉开了近代国人翻译救国的序幕。①本书将在第四章详细介绍汪凤藻编写的《英文举隅》一书的编写内容和体例。

3.1.5 丁韪良

丁韪良（1827—1916）是清末在华外国人中首屈一指的"中国通"，也是一位充满争议的历史人物。1865年担任京师同文馆教习，1869年至1894年为该馆总教习；1898年至1900年担任京师大学堂总教习。可以说，他在中国近代教育的酝酿和形成中扮演了重要的角色。

丁韪良制订的课程计划把英语教学分为三个阶段②：第一至第二年为第一阶段，课程内容为语言基础知识，即词汇、句型、句法（基础语法知识）及简单的翻译练习（翻译条子）；第三至第四年为第二阶段，课程内容为翻译选编和公文文本，还包括一部分自然应用科学知识；第五至第八年级为第三阶段，课程内容为系统的翻译能力训练和自然应用科学知识。从语言教学的角度看，这三个阶段大致相当于学习语言结构阶段、学习语言功能阶段和综合运用阶段。在每个阶段中英语课反复出现，每个阶段遵循控制循环原则，这是我国古代传统语文教学法惯用的原则。1898年，《同文馆题名录》刊出的京师同文馆自设立以来所译书目共26种，英文馆学生翻译或者合译的书籍超过一半，达到15部。

丁韪良的课程安排充分显示出"外语+专业技能"的复合型教学模式，反映出他立足外忧内患的中国国情、考虑实际需要的教学目的。丁韪良开始了外语培养模式中国本土化的探索，也开始了英语教学法本土化的探索。

---

① 刘晓峰：《汪凤藻的译者惯习和资本及其在晚清翻译场域的轨迹》，载《外国语文研究》2018年第3期，第99页。
② 丁伟：《我国英语教学本土化的探索者丁韪良与京师同文馆》，载《广西社会科学》，2006年第10期，第190页。

丁韪良的贡献在于：培养了中国近代第一批职业翻译与外交官；为近代中国培养了第一批英语教学和科研人才；翻译书籍，传播先进理念，开阔国人视野；正式拉开了中国英语教学管理的序幕，奏响了中国英语教学本土化的先声。①

值得一提的是，晚清时期光绪皇帝和高层有识之士也有力地推动了当时的英语学习。

据邹振环考证，光绪皇帝是1891年11月26日前开始英语学习的。留美学生颜永京曾是光绪皇帝英语教师候选人，1891年至1894年正式担任光绪皇帝英语教师的是京师同文馆的毕业生张德彝和沈铎。光绪皇帝希望通过英语学习冲破保守势力的阻碍。光绪皇帝的英语学习过程一直持续到1908年前后，使用过英语辞典《华英音韵字典集成》和《英华大辞典》，英语读本《华英进阶全集》等。② 为满足光绪皇帝的英语学习需要，张德彝于1895年编写了一部英语语法书《英文话规》，这是近代中国人编写的最早英语语法书之一。

光绪皇帝成了努力学习外语的楷模，符合历史进步潮流。他学习英语的热情不仅掀起了皇族群体中的外语学习热，而且改变了清朝以往既不允许外国人学习汉语又不允许国人学习外语的规定，有力带动了19世纪末20世纪初的中国人学习外语和学习西学的热潮。③

皇亲国戚在这一时期也办起了学校学习外语，如肃亲王在府中为女眷办了一所学校，学生是肃亲王的侧福晋、女儿、儿媳，以及其兄弟的妻妾和女儿等。这些特殊学生每天学习几门课，每周一至周六连续学习六天，每天先学算术，然后是日文、刺绣、音乐、健美操，最后是中文、图画和中国历史。④清朝德龄公主英文演讲的视频片段也流传至今。

---

① 丁伟：《我国英语教学本土化的探索者丁韪良与京师同文馆》，载《广西社会科学》，2006年第10期，第191－192页。

② 邹振环：《光绪皇帝的英语学习与进入清末宫廷的英语读本》，载《清史研究》，2009年第3期，第107页。

③ 邹振环：《光绪皇帝的英语学习与进入清末宫廷的英语读本》，载《清史研究》，2009年第3期，第114页。

④ 邹振环：《光绪皇帝的英语学习与进入清末宫廷的英语读本》，载《清史研究》，2009年第3期，第113页。

3.2 日语教师

近代中国学生蜂拥赴日，其中不少人去日本以前没有日语基础，但又期望有"速成"的效果，因而日本各个学校对中国留学生预备教育的主要内容多为日语培训。从事留日学生教育的本田增次郎，最初通过手势、笔谈等方法教授中国学生日语，还有学校通过翻译教授日语。另有一些学校会让日语程度较好的留日学生担任课堂翻译讲授日语，但不少留学生对日语其实也是一知半解，这也成为中日教育交流"相互误解"的一个因素。因此，1896年中国首批留日学生的日语学习，宏文学院、东亚高等预备学校等学校的日语培训，以及松本龟次郎的日语教育方法、教育理念和他编纂的日语教材，是了解当时留日学生学习日语的重要研究对象。

在接受中国学生的日本学校中，宏文学院以成立早、接受留日学生多和主要对留学生进行日语培训、基础教育而闻名。该校的日本教师松本龟次郎曾呼吁改善中国留日学生的待遇。① 宏文学院聘任的教师中，有人重视口语会话能力的培养，教学内容丰富，课堂气氛活泼；有人注重与其他科目教师相互协同合作，期望能在较短时间内提高留学生的日语水平；有人从教育留学生的实践中积累经验，为后来的日语语法研究收集绝好的素材。宏文学院重视各科教师之间的相互交流协作，鼓励教师为提高学生日语能力而一起努力。以松本龟次郎为代表的宏文学院教师在授课时，一部分内容采用汉语授课。宏文学院的教师大多接受的是明治时期的日本教育，很多教材用汉文体②，所以他们能用汉文体授课。

1902年至1906年四年间，宏文学院包括院长在内的教职员总共有259人。③ 其中日语教师人数最多，著名的教授有三矢重松、难波常雄、松下大三郎、小山左文二、门马常次、菊池金正、柿村重松、松本龟次郎、唐木歌吉、臼田寿惠吉、井上翠、金太仁作、唐宝锷等。宏文学院编

---

① 徐志民：《日本的近代中国留日学生研究》，载《近代史研究》2020年第1期，第148页。
② 汉文体是指用汉字写的模仿汉文的文章。
③ 邵宝：《清末留日学生与日本社会》，苏州大学博士论文，2013年，第62页。

写的日语教材可以说是这些宏文学院日语教授集体智慧的结晶。宏文学院还以三矢重松、松本龟次郎为中心成立了日语教授研究会，该研究会几乎囊括了日语教育界的精英。

3.2.1 松本龟次郎

有些日本教习在晚清日语教学做出了一定的贡献。实藤惠秀曾经评价过松本龟次郎在中国留日教育史上的历史地位和功绩："松本龟次郎创立培养留学生的东亚学校，对大正以后的留学生预备教育，功绩极大；但也不能忘记，他的日本语教科书一类著作，不但起源最早，而且销数最多，普及也最广，对留学生教育上的贡献亦甚大。"①

松本龟次郎（1866—1945）是日本教育家，从童年起就对中国文化产生了浓厚的兴趣。通过刻苦学习，他在青年时期打下了坚实的中国文化基础。他精通中文，1903 年到宏文学院任教，担任教材编纂起草委员会委员并负责日语教学工作。第二年应留学生的要求，松本龟次郎把宏文学院授课的讲义整理成为《（言文对照）汉译日本文典》。1906 年他编写的《（改订）日本语教材》也得以出版。这两部书都受到了中国留学生的欢迎。

最早的一本《言文对照汉译日本文典》是于 1904 年出版发行的，到 1942 年已经出版达 40 次之多，这在同类著作中是罕见的。该书在编写时不是简单地照搬一般文典的编排体例和内容，而是针对中国学生做了适当的调整，试图帮中国学生建立系统的词法和句法体系。

松本龟次郎关于学习日语的著作有六种，其中晚清时期有两种。

《言文对照汉译日本文典》（1904）出版 40 次

《（改订）日本语教科书》（1906）出版 19 次

《（汉译）日本语会话教科书》（1914）出版 17 次

《（汉译）日本口语文法教科书》（1919）出版 24 次

---

① 转引自杨惠萍《松本龟次郎与中国留学生教育》，《北方论丛》1994 年第 5 期，第 105 页。

《（译解）日语肯綮大全》（1934）出版 13 次

《（华译）日本语会话教典》（1940）出版 2 次

  这些著作是松本龟次郎教学经验的结晶。首先，他的著作贯彻了他在实际教学中的经验，切合实际，但又不是仅以实用为目的，可以说是将文法、会话和读文融为一体。其次，他的著作随时都在增补修改，无论时代如何变化，这些著作都没有落伍，其价值在不断提升。第三，他的著作除了告诉学习日语的中国人学习的方法和应注意的地方，还介绍了日本历史、地理和中日关系史。这些著作使学生在不知不觉中增加对了对日本的认识和理解，并且也对中日相互交往的历史有了系统了解。

  辛亥革命以后，我国留日学生以及国内学习日语的人大都以《言文对照汉译日本文典》为教材。松本龟次郎为中国留学生撰写了六部日语教材，从事中国留学生教育长达 40 年，为中日文化交流做出了贡献。他主张中日友好，认为语言不应当成为两国友好的障碍。他在《言文对照汉译日本文典》的例言中写道："日清两国亲交，争进东亚文明，岂可拘泥于区区文字语句之末，而遂迁延时日耶。"① 在整理《言文对照汉译日本文典》一书资料的过程中，他还邀请曾经来听过他讲课的中国留学生共同讨论汉译部分，使该书更适合中国留学生的理解和记忆习惯。

  笔者现有《言文对照汉译日本文典》两个版本：（1）1904 年第三版，由株式会社国文堂书局发行；（2）1908 年订正增补第二十三版，由东京国文堂书局发行。据 1904 年第三版记载，该书于 1904 年 7 月 20 日印刷，三日后发行；同年 10 月 6 日再版印刷，9 日再版发行；同年 12 月 14 日三版印刷，17 日三版发行。先后重版 39 次，发行册数超过 10 万。② 此书的发行量之大、影响之深，在同类著作中是罕见的。

  《言文对照汉译日本文典》于 1904 年发行，全书汉日对译，由嘉纳治五郎作序，三矢重松校阅。该书序言提到，全书以口语和文语对照，这种方法是松本龟次郎的一种创新，没有先前的资料可供参考。该书得到了当时多所日语学校的肯定，被这些学校用作教材。松本在该书订正增补第

---

① 松本龟次郎：《言文对照汉译日本文典》，国文堂书局，1908 年，例言第 10 页。
② 杨惠萍：《松本龟次郎与中国留学生教育》，载《北方论丛》1994 年第 5 期，第 105 页。

二十三版的序言中这样写道:"——与汉文比较而求其译字适当,尤属于草创之事,绝无先哲典型可参考。……然侥幸得日清诸大雅之同情,凡清国驻东留学界并其本国各省诸学校之教科书或参考书,均得被采用之荣。诚出于余之望外也。"他还在1908年订正增补第二十三版中将动词的使性、被性、能性和敬性等术语换为使役、被役、可能和崇敬。

从扉页的记载中我们可以看到该书受欢迎的程度非同一般,许多地方甚至非法翻印,以至政府不得不出面规定版权问题,明令禁止翻印等侵权行为。

  钦加四品衔
  赏戴花翎江苏即补清军府上海公共租界会审分府黄　为
  出示谕禁事奉
  道宪袁　札准
  日本总领事小田切　来函据东京中外图书局松本龟次郎、高濑真卿禀称,兹有汉译日本文典现已出版在沪销售,诚恐翻印渔利,请致道设法禁止等情。据此,查注册局尚未开辟此项印书权,自应先行存案并照向章由道札属出示谕禁翻刻函,请查照等,因并送日本文典一册登陆薄腾本一份,到道准此除分行并函复外札廊遵,即出示谕禁等因到廊,奉此合行出示谕禁,为此示仰租界各书贩知悉。自示之后毋许将前项书籍翻印渔利,倘敢不遵,一经控发,定干究罚不贷,切切特示遵。

              光绪叁拾年拾月十三日示
              发　　实贴①

有"留学生教育先驱者"之称的嘉纳治五郎为《言文对照汉译日本文典》一书撰写了序文,指出作者松本龟次郎是宏文学院的日语教师,

---

① 松本龟次郎:《言文对照汉译日本文典(第二十三版)》,国文堂书局,1908年,扉页。标点为笔者所加。

具有丰富的对中国学生的日语教学经验，他编写该书的目的是要克服之前同类书籍的种种弊端。嘉纳对这部文典也有很高的评价："受而读之，文语口语，对比说明，举例示证，附以汉译，丁宁亲切，曲得其要。"① 嘉纳认为该书将日语的文语和口语对照列出，举例说明，并附以汉译，通俗易懂，解释很得要领。

《（言文对照）汉译日本文典》最后附有三名中国学生写的跋，他们也对该书给出了较高的评价，认为该书是一部前所未有的文典。其中一名叫崔谨的学生写道：

（此前）所出日本文法书，其种类不下数十，大抵不失之杂，即失之简。……先生能汉文，既经口授，复作成此书，汉和对照，以饷吾国学者。……窃思吾华志士，果能潜心研究此书，不三四月可以尽通，内地各日人所教授，吾恐无此便捷也。②

松本龟次郎根据留日学生的日语学习程度和知识基础认真教学，积极推动中日教育交流，创办东亚高等预备学校，对中国留学生的教育做出了贡献。

3.2.2 松下大三郎

松下大三郎是为数不多的为中国学生编写语法书和汉译文典的日本著名语言学家，是日语教育文法的先驱者。《汉译日语阶梯》《汉译日本口语文典》是松下为中国留日学生编写的两部语法书。它们的编写体例和语法解说影响了这一时期为中国人编写日语教材的其他日本教习。

松下大三郎（1878—1935），出生于静冈县磐田郡野部村，是日本著名的语法学家和日本教育语法的先驱者。1898 年从国学院毕业。1905 年

---

① 松本龟次郎：《言文对照汉译日本文典（第二十三版）》，国文堂书局，1908 年，嘉纳治五郎先生序文第 1 - 2 页。

② 松本龟次郎：《言文对照汉译日本文典（第二十三版）》，国文堂书局，1908 年，"跋"第 2 页。

被嘉纳治五郎招聘为日语教习，20 年间一直在宏文学院从事留学生的日语教学工作。1913 年创立了日华学院，为中国留学生教育做出了贡献。松下大三郎在日语的语法理论方面有学界公认的研究成果，其语法理论被称为"松下语法"，代表性成果有《日本俗语文典》《标准日本语法》《标准日本口语法》《标准汉语法》。松下语法的核心是词与词论①，其词论专门研究词的本来性能及相互关系。以词为主可能考虑到以下两点：一是词类是构成句法功能的要素之一，二是日语多用黏着语素表示句法关系。他的原辞论即根据形态素来研究词的构成，与美国描写主义语言学派布隆菲尔德的结构主义方法论类似。

松下大三郎的语言思想主要体现在对日语口语的重视和对普遍语法的推崇。松下关注活生生的口语表达并坚持把它们教授给清末学习日语的中国人。举例来说，在口语被称为俗语的时代，特别是方言语法不受重视的风潮下，松下大三郎仍然将って、っても、だって的用法详细地写入为中国人编写的日语教材。

松下大三郎语法解释不仅限于让日本人明白，更具有一种追求普遍语法的目标，表现在他所建立的日语语法体系不仅能够使以日语为母语的日本人明白，而且要让外国人也可以理解。松下在其总结性代表作《标准日本语法》中说："我想，如果人类的思想形式有绝对不变的根本规律的话，那么，表达思想的语言就必须有世界普遍的根本规律。各国语言虽然都有特殊规律，但这些都是受一般规律所支配的特殊规律，因此一国语言的语法必须建立在普通理论语法学的基础上。"② 这种思想几乎贯穿在他所有著作中，松下总是试图通过日语语法的事实论述世界语言普遍的根本规律。这在《汉译日本口语文典》中体现为松下多通过与其他语言的对比来说明日语同其他语言的共性以及日语的特性。③ 松下大三郎站在超越自己民族语言的高度来审视另一种语言，他的这种视角是难能可贵的。

---

① 刘耀武：《日本语言学面面观》，载《外语学刊》1991 年第 5 期，第 42 页。
② 转引自刘耀武：《日本语言学面面观》，载《外语学刊》1991 年第 5 期，第 42 页。
③ 关于这一点，笔者在自己撰写的另一部专著《清末中国人使用的日语教材——一项语言学史考察》的第 7 章详细分析了松下如何通过对比西方语言中格位的用法揭示日语与其他语言的一些共性，比如与西方语言一样，日语的名词有格位。

通过分析松下大三郎为中国学生编写的日语教材,我们可以弄清他试图教给中国学生的日语语言知识体系。《汉译日语阶梯》(1906)全面地向中国学生讲解了日语语音、词法和句法。《汉译日本口语文典》(1907)以词类为核心,提出了关于助词词类划分的独到见解,并向中国学生具体讲解了日语敬语的用法。松下在《汉译日语口语文典》中,首次使用了"补助动词",此外还使用了"关系副词"这个术语,即今天的"复合动词"。[①]

[①] 邵宝:《清末留日学生与日本社会》,苏州大学博士论文,2013年,第67页。

 晚清国人使用的英语及日语教材

晚清英语教材作为当时民众接受西方语言文化的重要载体,反映了当时中西方文化交流的重要内容、文化交流的程度,以及文化交流的领域。

晚清时期外语教材的大量出现是由于甲午战争的失败唤醒了民众救亡图存的使命感,社会上形成了向日本学习、向西方学习的热潮。这时新式学堂得以广泛建立,清政府下诏实行具有现代教育意义的《钦定学堂章程》。教材的来源渠道开始多样化。洋务学堂开始尝试自编英语教材。《英文举隅》《翻译小补》是接受洋务教育的中国学者编译的英语教材的代表。民间还有一些优秀的英语学习者编著了各种英汉对照词语集,如《华英通语》《英话注解》《英字指南》《英字入门》《英语集全》等。①

甲午战争后中国人自编英语教材近 60 本。当时中国人学习英语主要有两个途径:一个是进入正式学堂学习正规英语,另一个是购买标有中文发音及释义的英语教材进行自学。这些教材主要内容是对外贸易相关知识,相当于商贸英语读本。哈佛大学善本书室保存了《英国文语凡例传》的最初版本,该书两次使用了中文的"英语",这是该词最早出现的例证之一。②

晚清英语教材发展的萌芽期是 1807 年至 1840 年,此时中国英语教材的编写还处于无意识阶段。这一时期出现了因皇帝命令颁布而编写的《英

---

① 孙广平:《晚清英语教科书发展研究》,中国社会科学出版社,2016 年,第 233 页。
② 黄兴涛:《第一本中英文对照的英语文法书——〈英国文语凡例传〉》,载《文史知识》2006 年第 3 期,第 62 页。

吉利国译语》，民间则因为商业运作而刊刻了各种红毛番话类读本。此时中国人编写的英语学习材料基本上是洋泾浜英语读本。以马礼逊为代表的西方传教士为中国人学习英语编写了专门的教材，标志着中国人接受正规英语语言教育的开始。马礼逊在马六甲创办了英华书院，为中国人学习英语编写了中国历史上第一部中英对译的英语语法教材《英国文语凡例传》。[①]

英华书院在英语教学中使用的教材是中国人学习正规英语的最早文本，在中国英语教材编写史上具有开拓性意义。但是由于教材使用范围的限制，这批教材对中国传统教育影响微乎其微。此阶段中国人用以学习英语的文本材料多数是用汉语来标注英语单词发音的小册子，这些小册子以抄本或者刻本形式出现，供生活在沿海口岸的下层劳动人民使用，方便他们与西方商人进行贸易或者为后者提供劳务。这一时期人们学习的英语被称为"洋泾浜英语"。

《红毛通用番话》是这一时期英语教材的代表。据邹振环考察，广州璧经堂刊刻的《红毛通用番话》全书共有词或短语372条，分"生意数目门""人物俗语门""言语通用门""食物杂用门"四门，各93条。这类外语教材是中英商业文化交流中最早的一种工具书，其中的词表提供了最初检索英语单词读音和意义的工具。

标音的汉字以粤语为准。周振鹤发现，《新刻红毛番话》中 what 的发音被标记为"屈"。还有不少其他例子可以证明，英文 wha 或 wa 的音一般注为"屈"。例如，屈臣氏连锁店原来是一家西药房，1828年创建于广州，后迁至香港，其公司英文名为 Watson & Co. A. S. "屈臣氏"就是 Watson 的广东译音。[②]

使用这类红毛番话类读本教材的人多是会说英语口语但看不懂英语文字的通事和一些与洋人打交道的仆役、苦力和店铺主。这些读本收录的是与外国人接触时最需要的日常生活和商贸词汇，尽管现在看来非常粗糙，但却是中英商业文化交际间最早的一种工具。[③]

笔者查访了一些国内外著名图书馆的馆藏藏书，由于种种原因，有些

---

① 孙广平：《晚清英语教科书发展考述》，浙江大学博士论文，2013年，第23页。
② 季压西、陈伟民：《从"同文三馆"起步》，学苑出版社，2007年，第278页。
③ 季压西、陈伟民：《从"同文三馆"起步》，学苑出版社，2007年，第280页。

教材只有目录不见原书。本书仅整理分析一些具有代表性且有一定影响力的晚清国人使用的英语和日语教材。

4.1 英语教材

中西商贸文化的杂交是晚清中国商贸文化的基本特征之一。晚清广州是中国近代最早受到西方商贸文化冲击的地区，西方商业贸易的组织形式、经营方式和商人的生活方式对广州商人起到了巨大的示范作用。19世纪中期广州率先开埠后，英语成为中外商贸交流的重要交际语言。掌握一口实用的英语口语，可以说是从事买办、通事、跑楼、跑街等涉外职业不可缺少的条件。很多人迫切希望通过掌握英文而获得或增加生存机会。特别是在广州这个变动之中的、充满商机的通商口岸，英语同许多其他技能一样，是从事中外商贸行业的一种必备手段。① 《华英通用杂话》是晚清适用于中外学习者学习中英双语的教材之一，其读者群体属于层次相对较高的洋行里的买办。

生活在沿海开放口岸的城市居民与西方商人有频繁的贸易业务往来。一些中国人因为熟练掌握了西方语言，尤其是英语，可以获得巨大的经济及社会利益。这样的社会现实极大促进了中国沿海居民的英语学习热情，也带动了具有较高英语水平的口岸民众编写英语教材的热潮。这类由沿海口岸城市民众编写的英语教材大多是专门为中英贸易活动而写，多数属于经贸英语类读本，有很强的社会实用性。

研究这类晚清时期商务英语类教材的重要意义在于以下三点。第一，这类英语教材是我国商务英语教材的滥觞，反映了晚清商务英语教材建设的最初需求。第二，这类英语教材见证了晚清洋泾浜式商务英语语言的兴衰，如实记录了中国洋泾浜英语的大量语料。第三，这类英语教材反映了晚清商务贸易的历史和文化，是研究晚清中西语言接触和中西商贸文化交

---

① 邹振环：《19世纪早期广州版商贸英语读本的编刊及其影响》，载《学术研究》2006年第8期，第98-99页。

流史的重要依据。

4.1.1 《华英通语》

《华英通语》于1855年出版，由子卿编写。该教材是目前所发现最早的中国人自编的正规英语学习读物。① 福泽谕吉在该教材出版后不久将教材从旧金山带回日本，并于1860年翻译成日文，取名《增订华英通语》。日本大学图书馆有《增订华英通语》的藏书，日本京都外国语大学、早稻田大学、关西大学等也有收藏。

《华英通语》是词汇集类英语教材，与红毛番话类读本不同的是该教材中出现了英语的文字书写内容，说明中国人学习英语开始从单纯关注英语口语表达提升到注重英语的书面文字。该书还收录了不少规范英语句子，表明中国人的英语学习逐渐向正规化方向发展。②

《华英通语》封面上标记的出版信息如下：

Chinese and English Phrase Book with the Chinese Pronunciation indicated in English specially adapted for the use of Merchants, Travelers and Families

By Benoni Lanctot, second edition, revised and enlarged

San Francisco: A Roman & Company, Booksellers, Publishers and Importers, 417 and 419 Montgomery Street New York: 17 Mercer Street 1867

The Library of the University of California in Memory of George D. Louderback 1874－1957③

---

① 孙广平：《晚清英语教科书发展考述》，浙江大学博士论文，2013年，第167页。
② 孙广平：《晚清英语教科书发展考述》，浙江大学博士论文，2013年，第170页。
③ Benoni Lanctot：《华英通语》（第二版）（*Chinese and English Phrase Book with the Chinese Pronunciation Indicated in English Specially Adapted for the Use of Merchants, Travelers and Families*, Second Edition），1867, San Francisco: A Roman & Company, Booksellers, Publishers and Importers.

4 晚清国人使用的英语及日语教材

《华英通语》的内容是经商场合使用的会话用语以及必要的生活用语，目录如下：

About income tax	Grain
Articles of food	House Furniture
Bedroom	Liquors
Breakfast	Lunch
Business conversation	Names of colors
Crockery	Numerals
Cutlery	On meeting a friend
Days and months	Porcelain
Dialogue on getting a China boy	Quadrupeds
Dinner	School
Dress	the Short Sentences
Dressing-room	Spirits
Earthenware	Tea
Evening orders	Traveler's conversation
Familiar sentences	Verbs
Fruit	Vocabulary of useful words[①]
Glassware	

子卿编写的《华英通语》是目前能看到的最早由中国人自己编写的一本用汉字注音的英语学习用书[②]，该书集英语单词和简单会话为一体，在日本间接保存下来。通过日本近代教育家和思想家福泽谕吉据此书整理的增订本可知该书原貌。福泽指出这本书是他在旧金山时从一位来自香港

[①] Benoni Lanctot：《华英通语》（第二版）（*Chinese and English Phrase Book with the Chinese Pronunciation Indicated in English Specially Adapted for the Use of Merchants, Travelers and Families, Second Edition*），1867，San Francisco：A Roman & Company, Booksellers, Publishers and Importers.

[②] 季压西、陈伟民：《从"同文三馆"起步》，学苑出版社，2007年，280页。

的商人手中得到的。此书编写目的是排除语言障碍，从而有利于对外贸易。该书编者子卿就读于"英人书塾"，应当是某教会学校。教材用广州方言注音，据此推测作者可能是广东人。

通过观察细节可以发现，教材中有印度、巴基斯坦英语的影子。比如，书中有例句："今日请你与我们食点心 Will you take tiffen with us today?"例句中的 tiffen 是南亚英语，表示 a midday meal（午餐）。

4.1.2 《英话注解》

冯泽夫编写的《英话注解》最早用宁波"乡音"为英语标音，由尹紫芳、郑久也、姜敦五等数名宁波人合作编写并集资刊刻。初版于1860年出版，日本早稻田大学所存的版本是1881年重刻本。

《英话注解》产生于西方海洋文明入侵中国的时候。由于当时社会文化水平的限制，商人们在语言不通的情况下，为了中外贸易的顺利进行，而"应急"形成了一种混合杂交语言，这种语言是语言接触的产物。①

中英《南京条约》之后，各个通商口岸的人们渐渐为了做外贸生意主动学习英语，上海洋泾浜英语便由此诞生。《英话注解》是浙江籍商人编纂的商务英语类教材，体现了外语学习在近代社会阶层流动中的一定的作用。随着近代上海口岸贸易的发展，英语学习读本中有一个宁波方言系统替代广东方言系统的转变。文本的方言注音凸显了宁波等港口城市在海上丝绸之路上的重要地位。

《英话注解》正文92页，总条目2291项，收录的单词和日常用语共有以下39个门类：各国镇头门、天文门、地理门、时令门、君臣门、人伦门、师友门、工匠门、宫署门、屋宇门、账房门、船车门、军器门、器皿门、床铺门、筵席门、衣服门、五谷门、食用门、医道门、人身门、禽兽门、花草竹木门、数目门、银数目门、洋数目门、五金门、颜色门、蛇虫门、种尺什件门、税捐门、进口货门、出口货门、壹字语门、贰字语

---

① 谢蓉蓉：《洋泾浜文本〈英话注解〉的文化特色研究》，载《宁波大学学报（人文科学版）》，2017年第1期，第27页。

门、叁字语门、肆字语门、伍字语门和长句语门。

《英话注解》的意义并不在于如何认真地把英语作为一门系统学科来进行讲授，而是注重实用性，书中主要列出一些与日常生活、与外贸密切相关的词语和句子，以便学习者能在较短时间里快速掌握这些语句，达到与外商交流的目的。①

4.1.3 《英语集全》

第一代英语读本的编写和出版者大多出现在广东。曾在香港马礼逊学校和英华书院接受英语系统训练的唐廷枢，与其兄弟唐廷植和唐廷庚，朋友陈恕道、廖冠芳共同参与了《英语集全》的编纂、参校和统订。原书起初拟命名为《华英音释》，后定名为《英语集全》。在此之前，这类英语读本多以"鬼话""夷语""夷言""夷字"命名。② 19 世纪 60 年代至 90 年代这一阶段的英语教材，从单纯收录英语词语渐渐发展到包括英语语法、翻译及会话等细致内容。③

《英语集全》（1862）本质上是一部词汇集，是兼备汉英词典和英语教材性质的综合性英语工具书，不仅起到了双语词典的作用，还起到了会话教材的作用。卷六中的大量内容可以视为商业指南，有助于让学习者了解基本的商贸知识、流程和规矩。④

《英语集全》正文卷前有"切字论"和"读法"两个部分。《英语集全》等英语读本的编写是中国近代英语教学史和近代外语出版史上的大事，该书的问世打破了比较正式的实用性英语读本由外国学者编写的局面，从而揭开了晚清以后更大范围、持续时间更长的中国人参与英语读本编译和出版的历史。⑤《英语集全》的作者认识到当时通行的用汉字标注英语读音的弊端，转而用术语比如"响音"（相当于元音）与"哑音"

---

① 孙广平：《晚清英语教科书发展考述》，浙江大学博士论文，2013 年，第 188 页。
② 季压西、陈伟民：《从"同文三馆"起步》，学苑出版社，2007 年，第 289 页。
③ 孙广平：《晚清英语教科书发展考述》，浙江大学博士论文，2013 年，第 141 页。
④ 季压西、陈伟民：《从"同文三馆"起步》，学苑出版社，2007 年，第 293 页。
⑤ 邹振环：《19 世纪早期广州版商贸英语读本的编刊及其影响》，载《学术研究》2006 年第 8 期，第 99 页。

（相当于辅音）来讲解语音。该教材英文表达正确，语法规范，收录了标准的口语和书面语。

笔者通过国家图书馆官方网站进入哈佛大学燕京图书馆藏善本特藏资料库，在图书目录中找到了该书的电子版。《英语集全》一共有六卷，1862 年由广州纬经堂出版。

目录整理如下：

卷一　天文　地理　时令　帝治　人体　宫室　音乐　武备
卷二　舟楫　马车　器用　工作　服饰　食物　花木
卷三　生物百体　玉石　五金　通商税则（进口　出口　免税　违禁）杂货　各色烟　漆器牙器丝货　头
卷四　数目　颜色　一字门　尺寸　斤两　茶价　官讼　句语（短句）句语（长句）
卷五　人事
卷六　头问答（零碎）　头问答（成单）　卖茶问答　卖肉问答　卖鸡鸭问答　卖杂货问答　租船问答　早辰问答　早膳　问大餐　小食　大餐　晚餐　雇人问答　晚间嘱咐　买办问答　看银问答　管仓问答　出店问答　探友问答　百病　医药

4.1.4 《英字入门》

《英字入门》是一部上海方言注音的英语手册。

作者曹骧，曾就读于上海广方言馆①。该书注明的"辑译"字样，说明作者是根据当时现存的某部外国人英语课本为底本而编写的。

该书分为以下十个部分：英字源委、单字门、二字拼法门、三字拼法、四五六字拼法、七字以外拼法（言语附）、数目字门、点句勾股及异

---

① 上海广方言馆是上海地区洋务学堂中教授英语比较规范的。

体字考、学语要诀、补论英语六则。该书先讲授音节拼法，作者认为在掌握音节的基础上可自行拼出单词的读音，单词熟练掌握之后学习句子就容易了，其方法接近现在的英语教学法。该书不分门别类罗列单词，而是把英语知识从字母发音、词汇、语句由浅入深分列为若干课程循序渐进讲授，最后附上语类汇编，列出重要词汇。该书从标题上看是一部入门级别的教材，适合英语自学者。

《英字入门》用术语对词性进行了分类。比如：adjective（今为形容词）称为"加实字"，pronoun（今为代词）称为"呼字"，article（今为冠词）称为"纲目字"，adverb（今为副词）称为"加动作字"，preposition（今为介词）称为"位置字"，conjunction（今为连词）称为"相连字"，interjection（今为感叹词）称为"呼声字"，verb（今为动词）称为"动作字"。verb 又分为"随常动作字"（今为实义动词）和"帮助动作字"（今为助动词）两类。这些术语虽然和今天使用的术语不同，但是有相近的地方。该书对词性进行分类表明国人开始进行比较系统的英语学习，表明国人的英语学习从单纯英语词汇学习逐渐进入对语言体系的全面理解和掌握，逐渐由表及里。

4.1.5 《英字指南》

《英字指南》成书于 1879 年，被认为是中国最早一批的英语学习书籍之一，是英语教学史上珍贵的文献。该书质量高，实用性强，多次再版。该书在国家图书馆有馆藏，在网上也有卖家出售旧书。1879 年，美华书馆铅印了求志草堂本杨少坪辑译的《英字指南》，共六卷。卷一是"字学浅说"，相当于书法与发音入门。卷二是按单词音节多少分类的发音入门。卷三和卷四是"分类字学"，相当于现在的字典。卷三包括总论、天文、时令、地理、邦国、都邑、帝后、人伦等类别。卷四包括总论、格物、珍宝、宫室、服饰、饮食、疾病、医药、走兽和昆虫等。卷五为贸易须知。卷六为通商要语。

1906 年，商务印书馆出版了大 32 开，逾 400 页的《增广英字指南》（*Method for Learning English*）。该书的作者杨勋毕业于上海广方言馆，曾经受到过林乐知等英、美教习的培养,据称向他请教过英语的人"数年之内不下三四百人"。《英字指南》采用吴语注音,目的是在江、浙、沪地域通行。该书用吴方言标注的英文读音影响极大,大部分地名读音沿用至今,如亚细亚(Asia)、华盛顿(Washington)等。①

《英字指南》编写目的同样是贸易通商,收录的大部分词语是商品名称和与贸易有关的词语。该书较有价值的部分是保存了许多英文词语的早期中文翻译,反映了当时中国人对西方自然科学、社会科学的认识和理解。书中对14种非金属类元素和50种金属类元素进行了汉译,这些汉语译名至今还在使用的有"铂"(Platinum)、"镍"(Nickel)、"铀"(Uranium),其他的汉译词语保留至今的有"公司"(company)、"银行"(bank)、"博物馆"(museum)等。

4.1.6 《华英翻译捷诀》

关于这本教材,笔者查找到的版本是1927年颜惠庆在上海商务印书馆出版的《华英翻译捷诀》的版本,英文名是 *A Manual of Translation: One Hundred and Twenty Lessons*。

《华英翻译捷诀》是近代第一本翻译教材,于1902年编成,圣约翰大学用作翻译课程教材。该教材从书报中选取了100篇文章作为课文,供学生做一小时的英汉互译练习。课文的每篇英文文章约200词,中文文章也控制在约两百字的篇幅。其中选自中文经典的文章有21篇,出自《列子》《论语》《说苑》《太平御览》等。课文内容包括人格修养、中外历史、西方科学、西方文化等。1905年,该教材扩容至120篇。时人著文称,这应当是近代中国第一本翻译教材,其意义在于编者颜惠庆将翻译技能训练与人文教育在教材中结合,教材成功帮助培养了一批适应晚清社会需求的双语翻译人才。②

编者颜惠庆1877年生于上海,其主要成就在外交领域,曾担任清政

---

① 季压西、陈伟民:《从"同文三馆"起步》,学苑出版社,2007年,第298页。
② 黎难秋:《同文三馆——晚清翻译家外交家的摇篮》,武汉大学出版社,2016年,第156页。

府、北洋政府和中华民国政府多种职务,也曾担任驻美国、英国、德国、苏联等多国公使。颜惠庆参加过巴黎和会,并在抗战时奔走欧洲和美国争取国际援助。中华人民共和国成立后,颜惠庆历任华东军政委员会副主席、中央人民政府政治法律委员会委员等职,1950年在上海病逝。颜惠庆早年在上海同文馆求学,1900年获美国弗吉尼亚大学文学学士后归国,随后任教于圣约翰大学,并兼任商务印书馆编辑。1906年他参加清政府"考验游学毕业生"的会试,获得哲学专业第二名。他编写了教材和词典,如《华英翻译捷诀》、《英华大辞典》(第一本以"辞典"冠名的大型工具书)、《英汉成语辞林》。他还翻译了许多作品,其中《中国古代短篇小说选》一书被外文出版社收入"经典的回声"书系,2003年再版。

1900年至1906年,颜惠庆在圣约翰大学任教,执教预科和大学本科课程。预科阶段前三年的基础课程使用薄拉克的《英文读本》(1-4)、纳斯斐尔的《文法》(1-4),第四年开设翻译课程。经过两年的翻译教学积累,颜惠庆自编了在课堂上使用的教材《华英翻译捷诀》。

《华英翻译捷诀》于1904年第1次出版,共有100篇课文。这100篇课文是颜惠庆从翻译教学的课堂练习中仔细挑选出来的,将中国学生在此前翻译实践中遇到的难点标注出来并给出了详细解释。1905年4月,《华英翻译捷诀》第1次修订版出版,增加了一些内容,扩容到120篇。该教材受到了教育工作者的热烈欢迎,不断有人鼓励作者进行修订和扩充,出版下一版。这个版本中新加入的20课,主要是条约和公文的选段,供学生进行一些必要的公文翻译训练。120篇课文按一篇英文一篇中文的顺序混排,英文横排,每篇约200词,中文直排,每篇约200字。每篇课文前的词汇表会列出该课的重点字、词和短语。除词汇表和课文正文外,整本教材无其他内容。课文选材的原则是"人物积极向上,话题有趣,风格实用典雅,既不粗俗,也不学究气"①。课文选材的来源十分广泛,可以确定来源的中文课文有21篇:出自古典经典的有10篇(3篇出自《列子》,3篇出自《说苑》,其余4篇分别出自《论语》《孟子外传》《太平

---

① 颜惠庆:《华英翻译捷诀》,商务印书馆,1927年,序言。原文是英文,引文内容为笔者自译。

御览》《孔丛子三抗志》);10 篇是奏折、报关单、护照等官方文件,是第一次修订时增补的内容;另有 1 篇中文课文选自当时风靡一时的新式教材《光绪辛丑南洋公学课本》。来源可考的英文课文 7 篇,5 篇出自《伊索寓言》①,1 篇出自托尔斯泰寓言"Bad Company",1 篇出自西方古谚"Count Not Your Chicken Before They Are Hatched"。

  《华英翻译捷诀》成书于 20 世纪初,作者颜惠庆刚从美国留学回到上海这个华洋杂处的通商口岸。作为一名教会大学的英语教师,他有意识地将自己的文化诉求付诸笔端。所选课文的内容主要分为三个方面:(1)个人品格修养:既有爱国、念亲恩、爱子、敬老、尊师、择友、向善、惜时等承载中国传统文化的选篇,也有关于诚实的伊索寓言选篇,还有提倡仁爱之心、有道德的生活、知识分子的责任,以及不酗酒、常锻炼等文化内容;(2)西方科学知识:既有万有引力、地心说、宇宙、航海、动物等自然科学知识,也有货币、资产负债表、金属、劳动力分工等政治经济学知识;(3)中外历史:在 120 篇课文中,中外历史方面的课文占了很大的比重,占到了 1/4,约有 30 篇。这些代表性课文都有很鲜明的时代特色,揭示了近代中国积贫积弱的面貌,也激励着先进中国人为民族独立与富强而奋斗。另有一些课文叙述世界先进国家成功的经验,是作者为了启发民智而专门选入的。教材选取的课文,兼顾中西文化,古今中外历史、天象人文地理皆有涉及,既不偏向中国文化,亦不专美西方文化。教材选取内容之所以如此杂烩,融合中西,是翻译教学的需要,更重要的是由于颜惠庆自己贯通中西的求学经历以及他对新式人才的理解。②

  颜惠庆在序言部分强调翻译的重要性:通过经常与其他语言对比,我们能够发现自己语言的优点和缺点,能够更精确地使用语言,进而让自己的表达变得准确。颜惠庆认为,在扩大单词量的同时更重要的是我们要以最好的方式来使用语言,在母语中找到最好最精确的表达。课程设计是两周完成一课,让学生有充分的时间在两年之内学完。关于翻译方法的建议

---

  ① "The Fox and the Goat" "The Ant and the Grasshopper" "The False Alarm" 出自第一卷,"Bell the Cat" "Honesty Is the Best Policy" 出自第三卷。
  ② 刘明,孙增德:《〈华英翻译捷诀〉——近代第一本翻译教材》,载《上海翻译》第 1 期,2013 年,第 74-75 页。

是译文要尽可能在感觉和精神方面与原文接近,从而反映作者的思想。一种语言的习语和特色应当在另一种语言中有相应的体现。

笔者采用的是《华英翻译捷诀》的第二版,作者在第一版基础上修改并添加了 20 课。增加的内容主要是条约(treaties)和官方公文(official dispatches),供学生进行文献翻译实践。

下面以一节课程为例,讲解该教材的具体内容。

第一课 首先列出了 9 个生词和短语及其中文释义。

> than 较
> another 另;更
> some 有;数
> turn around 旋转
> move around the sun 绕日而行
> as 如;似;宛如;仿佛
> if 假如;使;苟;设若
> top 菱角;旋螺;地黄牛
> change 别;更;变

课文如下:生词和短语用斜体标出。

The earth is larger *than* the moon, the sun is larger than the earth, and *some* of the stars are larger than the sun. The earth *moves around the sun*, and the moon moves around the earth. *If* the earth did not move or revolve around the sun, we should have no *change* of seasons.

The earth has *another* motion; it *turns around as* a *top* spins.[①]

教材中既有英译汉,又有汉译英。先给出单词及短语的翻译,再进行篇章翻译练习。越往后收录的篇章越长。

---

① 颜惠庆:《华英翻译捷诀》,商务印书馆,1927 年,第 1 页。斜体单词同原文。

全书内容丰富，有一百多个标题，包括商业信件、求职申请书、银行支票及商业汇票格式以及中国沿海港口各国领事馆和外商名单等，具有涉外事务小百科的性质。

4.1.7 《华英初阶》和《华英进阶》

《华英初阶》和《华英进阶》是早期两部供初级阶段学习者使用的英语教材。1898 年至 1899 年，商务印书馆首先出版了《华英初阶》，开创了中国编辑、出版、发行英语教材的新时代。

19 世纪早期出现的《红毛通用番话》和外国传教士编译的《华英通用杂话》等英语读本，大多数属于方便中外交际的实用会话读本。19 世纪下半期陆续出现中国人自编的英语读本，如 1855 年于香港出版的子卿编著的《华英通话》、1860 年张宝楚等编写的《英话注解》、1862 年广东纬经堂出版的唐廷枢编写的《英语集全》、1868 年邝其照编写的《英语初阶》和《英语汇腋》。上海申报馆 1874 年出版的由曹骧编译的《英字入门》、美华书馆 1879 年出版杨勋编著的《英字指南》、点石斋 1884 年出版的石印本《无师自通英语录》等，这些多属于中英对照的商贸会话读本。即使京师同文馆刊行的第一部英语语法书《英文举隅》，也属于语法类的英文教材，没有显现出近代教材按课程编写的循序渐进的特点。从这种意义上说，《华英初阶》和《华英进阶》是第一套具有近代教材性质的英语读本。①

《华英初阶》最初是翻译自英国人为印度小学生编印的课本《普赖默》(Primar)。原书带有英国殖民主义色彩和印度地方风味：最明显的是有大段的圣经内容，刻意向印度儿童灌输西方宗教内容；此外，收录的课文还有关于印度地理气候的内容。《华英初阶》随着社会需要不断发展不断修订，不断减少宗教内容，不断消除印度痕迹，民国初年已经基本完成去印度化，变成中国人适用的英语教材。

---

① 邹振环：《〈华英初阶〉和晚清国人自编近代英语教科书的发轫》，载《近代中国》第十五辑，上海社会科学院出版社，2005 年，第 157 页。

教材编者编写《华英初阶》和《华英进阶》的主导思想非常明确：养道德，取知识，助兴趣，这与今天编写教材的观点相似。该教材取材于格言、日常用语、先哲论述等。主要内容是词汇和课文，没有语法，这表明我国早期英语教学将重点放在英语的使用上，重视口语教学。

编写者夏瑞芳曾就读于教会学校，当时学校里使用的英文课本是英国人给印度小学生编的教材 *Primar*，为了适应国人学习英文的需要，他首先把这本自己熟悉的教材翻印出版。因为原书只有英语，中国学习者使用不是很方便。夏瑞芳请人将英语教材译成汉语，将汉语与英语对照排列，编成了全新的教材，命名为《华英初阶》。接着，夏瑞芳又把高一级的课本也译成汉语，命名为《华英进阶》。这两部教材经过几次改译，在中国各类学校中广泛使用了几十年。这两部教材的出版也是商务印书馆经营出版事业的开端。最初是请一名牧师谢洪赉代为译注，其首册为《华英初阶》，商务印书馆先以《华英初阶》一册试探市场，初版先印两千册，全部售罄。

这两部教材出版了一系列不同的版本，印证了教材在当时社会上的流传广度与受欢迎程度。《华英初阶》和《华英进阶》是中国人自主翻译的阶梯式系列英语教材，内容上循序渐进。教材主要由词汇和阅读两个部分组成，重点是综合技能训练，没有讲解语法知识。这两部教材成功的原因，一方面是维新运动风潮的影响，当时许多有识之士学习西方，急需英语教材；另一方面，教材采用了英汉对照的形式，使用白话文进行汉语翻译，这极大地方便了初学者学习英语，从而扩大了教材的使用范围。作为商务印书馆的"发家书"，这两部教材不仅为商务印书馆带来了可观的经济效益，也因教材适合中国的英语学习者，在当时社会风行一时，影响很大。

《华英初阶》是中国近代史上第一部成人外语教材，对清末英语学习的普及发挥了巨大作用。掌握英文意味着学习者能够扩大生存机会并掌握某种新的资本。特别是在当时的上海这个变动中的、汇聚各地移民的商业通商口岸，英文同其他技能一样，是各地移民谋生的新手段。《华英初阶》的刊行不仅突破了教会学校和政府学堂对英文教材出版的垄断，还开辟了一个近代出版物的巨大市场，推动了近代中国教材的编纂和出版行业的发展。①

《华英初阶》至 1917 年已印行 63 版，至 1921 年已印行 77 版，直至 1946 年还在重印。据《民国时期总书目》记载，商务印书馆 1900 年至 1901 年重版的《华英进阶》（壹、贰、叁、肆、伍全集）为 32 开，共 3 册，627 页，后来还多次修改重印。1905 年《警钟日报》报道：在湖北城彩虹场的同文书馆，专售中西书籍，"销势日有起色。……英文中以《华英初阶》及《进阶》初级为最，二集、三集次之，四、五集则罕有购者。《英字指南》、《华英要语类编》，尚能日销各数十本云"②。很多新式学堂都以这两部书为教材，很多名人都在自己的回忆中提到了这两部教材。比如，胡适 1904 年在上海梅溪学堂使用的英语课本就是《华英初阶》；周作人在几十年后的回忆录中提到，自己还清楚记得《华英初阶》的第一课第一句话；吴稚晖当年还是学生，到北京路河南路口坐北朝南的一幢石库门内的商务印书馆门市部买了《华英进阶》；梁漱溟回忆商务印书馆的影响时称，自己在北京的中西小学堂开始学习 ABC，用的也是这两部教材。③ 直到民国初期这套教材仍然被广泛使用。

《华英初阶》在序言部分指出了英语学习目的是培养阅读能力，而英语学习过程要循序渐进，学习者在教材中首先从最简单最常用的单词开始，随后学习一些经常使用的不规则的单词，再过渡到多样的句子结构。该教材的大部分课文都是列出六个生词，通常在课文之前列出让学生提前学习，随后再列出包含了这些生词的短句让学生学会运用这些生词。依据当时教师的授课经验，学生一般能够成功翻译这些短句，但是若将这些短句稍微进行一点变化就不行了。课文中每一页都有练习，练习内容还包含此前课文中使用的短语等。教材要求授课教师朗读每一句话，随后让学生练习翻译。教材强调翻译练习的重要性。每个词几乎至少出现四次。

《华英初阶》1933 年版第 8 页有具体教学方法的建议，对字母的形状有形象生动的描述。比如，教材建议在讲解字母 o 时，把字母写在黑板

---

① 季压西、陈伟民：《从"同文三馆"起步》，学苑出版社，2007 年，第 302 页。
② 转引自季压西、陈伟民：《从"同文三馆"起步》，学苑出版社，2007 年，第 154 页。
③ 邹振环：《〈华英初阶〉和晚清国人自编近代英语教科书的发轫》，载《近代中国》第十五辑，上海社会科学院出版社，2005 年，第 155 页。

上，然后先不教学生这个字母的发音而是让学生观察这个字母的形状。接下来教师再教学生这个字母的读音，让学生用手在空中比画出 o 的形状，再不断重复发音。一段时间后，学生就能在黑板上准确写出字母 o 了。

> The teacher should write the letter *o* on the blackboard. The pupils should be asked its shape; they should not be told. This is the best way of fixing the letter in the memory. It is round like a ring, & c. Its sound should next be given. The pupils should then make their fingers go round in the air, repeating the sound of the letter. After a time, they may write the letter on the blackboard.①

字母 n 的讲授方法是，问学生 n 和 o 在形状上有何不同，n 好比有两条腿的凳子。要让学生一边在空中比画出字母 n 的形状一边读出字母 n 的读音。

> The letter *n* should next be taught. The pupils should be questioned on its shape, how it differs from *o*, and what it is like. It may be compared to a little stool with two legs. Its power should be given, not its name. The pupils should form the letter in the air, and give its sound.②

接下来把字母 n 和 o 连在一起，形成单词 no。这个过程要反复多次，教师用日常口语解释单词的含义。要创造场景让学生学会使用单词 no。比如，问学生问题："Are you a horse?"

> Next join the letters *n* and *o*, forming the word *no*. This should be repeated again and again, and the meaning explained in the vernacular. The pupils should be made to use the word. The teacher may ask, in the

---

① 商务印书馆：《华英初阶》，商务印书馆，1933 年，第 8 页。
② 商务印书馆：《华英初阶》，商务印书馆，1933 年，第 8 页。

vernacular, Are you a horse? And bid the pupils answer in English, *no*.①

上述这三小段文字重现了教材中描述的生动的教学场景。

《华英进阶》比《华英初阶》内容更丰富，全书从壹集到五集前后共五册。《华英进阶》选取课文短小精悍，内容包含生活常识、典故哲理、花鸟鱼虫、遗闻轶事等。每一篇课文都有中文翻译，还有词汇、语法、教师教学建议和学习方法建议等内容。

《华英进阶》的一些细节引起了笔者的注意。比如，《华英进阶》在几节课文讲解之后会插入词语讲解（Word Lesson）。词语讲解部分较有特色，除了标出词语重音，还独具特色地用英语对词语进行注释和讲解，最后再给出汉语解释。举例来说，detain 标注重音为 De-tain′，随后给出英文解释 keep back，hinder，最后再标注中文释义"阻延"。②

每篇课文后还有针对课文内容提出的一些思考问题，以检验学生是否看懂了课文。这些思考题大致相当于阅读理解的问答题。课文中还附有插图帮助学生理解相关内容。

在开篇教学指导的部分，《华英进阶》首先强调了朗读课文的重要性，要求教师标准规范地慢速范读课文，并在朗读时适当强调课文重点，之后让学生模仿教师朗读全文。朗读课文之后是单词讲解，相关难点和重点要让学生多加练习。教师要检查学生是否理解每一个单词和每一个难句的意思，以及学生对课文通篇理解的程度。教材建议教师可以适当补充相关信息，以让学生提高学习兴趣，让他们的思维得到锻炼。教材要求教师要检查学生的单词拼写情况和课文朗读情况，还要求学生在教师充分讲解课文后背诵全文。

举例来说，《华英进阶》的第一篇课文是"MY NEWBOOK"，目的是鼓励学生每天用心读书。英文原文如下：

---

① 商务印书馆：《华英初阶》，商务印书馆，1933 年，第 8 页。
② 商务印书馆：《华英初阶》，商务印书馆，1933 年，第 8 页。

MY NEWBOOK

　　Here is my new book. I think I shall like it. There are some hard words in it which I do not know. But they will not seem hard to me long, if I learn some each day.

　　I should make a good use of my time. When a day is once gone, it does not come back. Let me try to learn something new everyday, and try every day to be better than I have ever been before.①

这篇课文在原教材中被译成文言文：

吾之新书

　　我之新书在此、我意必将爱好之、虽间有难字、为我之所不知、然使每日学之、则亦不致长觉其难矣。我当善用光阴、日月逝矣、去不复返、试日日勉学新理、且事事求胜于前。②

课文之后针对课文内容提出了一些问题让学生思考，目的是了解学生是否理解了课文的内容、主旨和重要细节。"MY NEWBOOK"的提问如下：

　　What are "hard" words? How can hard words be learned? Why should we make a good use of our time? What two things should we try every day?③

思考题之后就是单词和语音练习。第一课列出了20个单词及其中文释义。

单词之后是给教师的一些教学建议。比如第一课就建议教师听写这20个单词，要让学生记住单词的含义。教材还专门用斜体标出了单词中

---

① 商务印书馆：《华英进阶》（壹集），商务印书馆，1928年，第1页。
② 商务印书馆：《华英进阶》（壹集），商务印书馆，1928年，第1页。
③ 商务印书馆：《华英进阶》（壹集），商务印书馆，1928年，第1页。

不发音的字母。

To the teacher

The Notes at the end of some of the lessons are for the TEACHER only. They contain a few directions. The words in columns are to be pronounced and spelled. They may also, after a time, be written to dictation. Letters in Italics are silent or obscure.

The MEANINGS of words, when given, are to be learned by heart, and the words are to be spelled.①

在第九篇课文之后有专门的语音练习课，练习辅音连缀。练习的方法是先给出相关单词，然后再把这些单词放入句子中让学生练习。

例如：

bl-	cl-	cr-	dr-
blame	clap	crack	dress
bribe	clock	crane	drive
brick	close	crop	drop
brass	cloth	cry	drum

Let it drop. Did she blame me? Why does she cry? Her dress is made of red cloth. Did you see the crane? It was close to you. There is a crack in the brick.

Is this made of brass? Clap your hands. Look at the clock. Is this your drum? There will be a good crop. Drive out the dog. Do not give or take a bribe.②

---

① 商务印书馆：《华英进阶》（壹集），商务印书馆，1928年，第1页。
② 商务印书馆：《华英进阶》（壹集），商务印书馆，1928年，第13页。

教材还给出了这些句子的中文翻译。教材建议学生朗读并翻译句子,并就相关内容互相提问、练习。总之,语音练习课的目的是让学生练习两个或者两个以上辅音音素结合在一起的语音现象。

教材还编入了一些富含哲理的短篇故事。例如:

两个袋子

每个人有两个袋子。一个挂在前面,一个在背面。两个都装满了错误。前面的装的是别人的错误,另一个装的是自己的。因此人们看不见自己的错误而看到别人的错误。这个短故事让每个人都思考自己的错误而去改正它们。

The two bags

Every man has two bags. One of them hangs in front, and one at his back. Both are full of faults. But the one in front is full of the faults of others, and the one at his back is full of his own faults. So men do not see their own faults; but they do see the faults of others.

Let each person think of his own faults, and try to get rid of them. [1]

女孩和鹦鹉

我看见一副女孩阅读的图片。她用双手拿着书。在她旁边有只鹦鹉。有的鹦鹉是能学人说话的。能教鹦鹉阅读吗?不能。怎么回事呢?因为它们没有灵魂。只有人才能学会阅读。鹦鹉只能重复说话,但是不知道它的意思。能告诉我谁有时像鹦鹉吗?在阅读的时候要知道它的意思。

The girl and the Parrot

I see a picture of a girl reading. She holds the book with her hands. Besides her is a parrot on a perch. Some parrots can be taught to speak. Can parrots be taught to read? No. How is that? Because they have no souls. Only men, women and children can learn to read.

---

[1] 商务印书馆:《华英进阶》(壹集),商务印书馆,1928年,第10页。

Parrots repeat words, but do not understand their meaning. Can you tell me who are sometimes like parrots? Always try to know the sense of what you read. ①

《华英进阶》（叁集）有110课，课文中还穿插了语法讲解。也就是教材将语法讲解放入相应的某篇课文中，同时附有中文翻译。教材要求学生在背诵课文的基础上也要掌握相应的语法。每篇课文在讲述一个短小精悍的故事之后，往往会用一句话画龙点睛地总结一个道理。

以《华英进阶》（叁集）第一课为例，原文如下：

Three kinds of scholars

Scholars may be divided into three kinds—good, middling, and bad.

Good scholars are like the *cow*, which receives only a little grass and a drink of water, but which gives us a supply of good milk in return. They want only a little teaching to make much progress.

Middling scholars are like *parrots*, who know just what is taught them and no more.

Bad scholars are like *leaky jars*, which when filled at the well are soon empty again. They quickly forget all they have been taught. There is only one class that is still worse, and they are like strainers, used for palmyra juice. They hold fast chips, leaves, straws, everything that is useless, and let all that is valuable slip through them. There are some scholars, just like these strainers. They let slip all that is good, and they remember almost all that is good for nothing.

My reader, what are you like? ②

笔者试译如下：

---

① 商务印书馆：《华英进阶》（壹集），商务印书馆，1928年，第17页。
② 商务印书馆：《华英进阶》（叁集），商务印书馆，1924年，第5-6页。

三类学者

世间有三类学者,一流的、中等的和差的。

一流学者像奶牛,只需要一点点草料和水,就可以产出奶。教他们一点就能取得很大的进步。

中流的学者像鹦鹉,只知道别人教它的,其他不会。

差的学者像有裂纹的坛子,装满后会再次变空。他们会很快忘记所学。还有一类更差的,他们像阀门,用来榨棕榈汁。他们留下了没有用的东西而让有用的东西流走了。就像有些学者没有记住好的东西,反而记住些没有用的东西。

我的读者,你属于哪一类呢?

教材选用的故事含有丰富的哲理并具有育人的功能,对于今天的课程思政仍有重要的参考价值。

商务印书馆在1898年至1903年之间出版了《华英初阶》《华英进阶》《英华初学》《英文文法初范》《英文初范》五本教材,其影响十分广泛。《华英进阶》从"壹集"发展到了"伍集",前后共五册。

从教材选择内容来看,外语教学是文化育人的重要方面。"从这个意义上说,创办初期的商务印书馆推出的《华英初阶》和《华英进阶》等,不仅是近代中国人自编的英语教材的发轫,而且以其外语教学的特殊形式,参与了中国近代思想文化演变的过程。"[①]

4.1.8 《英文举隅》和《英文话规》

《英文举隅》是晚清时期由京师同文馆毕业生汪凤藻编译的英语语法书。该书经过丁韪良鉴定后于1879年在同文馆出版发行。国家图书馆文津阁中藏有1879年同文馆集珍版以及1899年京都官书局石印版两个版本。《英文举隅》书名中"举隅"取"举一隅而反三隅"之意,即以举

[①] 邹振环:《创办初期的商务印书馆:〈华英初阶〉与〈华英进阶〉》,载《东方翻译》2011年2月,第39页。

例的方式解释语法现象。全书包括序、凡例、总论、正文四个部分，共59页。正文有22节，分为两个部分。第一至第九节为第一部分，讨论词类（词性分类）及用法：parts of speech 词性分类，采用的术语有静字 noun（今为名词）、代静字 pronoun（今为代词）、区指字 article（今为冠词）、系静字 adjective（今为形容词）、动字 verb（今为动词）、系动字 adverb（今为副词）、绾合字 preposition（今为介词）、承转字 conjunction（今为连词）、发语字 interjection（今为感叹词）。第十至二十二节为第二部分，讨论用字、造句等多方面内容：论用字之法，论造句之法，辨伪一，辨伪二，辨伪三，章句条分，同字异用，句点式号、杂用记号、辨音记号，字体异宜，拼音简例，变字例略，省字，倒句。

alphabet 和 consonant 被准确翻译为"字母"和"辅音"。vowel 被翻译成"正音"或"音目"。名词分为"专用"和"泛用"两大类，相当于今天的专有名词和普通名词。专有名词中"有所谓包举静字者"，相当于集合名词。代词被分为三类：称谓（人称代词）、指顾（关系代词）和问讯（疑问代词）。名词和代词的"性"被译为"类"。"阴阳之别"，分为阳性、阴性、可阴可阳和非阴非阳四类。有三种区分方法，分别通过"异字""字尾笔画""字首偏旁"来区分。

代词的"位"用来区别"人己之殊"，有"第一位""第二位""第三位"之分，即第一人称、第二人称和第三人称。名词分为"单数"和"多数"（复数）。

教材将名词的"格"译为"地"，分为"主施（地）""主有（地）""主受（地）"，依次为今天的主格、所有格和宾格。

形容词原级被译为"平等"，比较级被译为"加等"，最高级被译为"极等"。

动词被分为"贯动字"和"不贯动字"，分别对应及物动词和不及物动词。

动词被分为五"辨"，即"势"（语态）、"状"（语气）、"时"（时态）、"位"（人称）、"数"。语态被分为"主作（势）""主受（势）"，即主动语态和被动语态。语气被分五种，分别是"敷陈（状）""悬拟（状）""权度（状）""提命（状）""无限（状）"，相当于现在英语语法中的陈述语气、虚拟语气、可能语气、祈使语气和不定语气。

时态包括现在时、过去时、将来时、现在完成时、过去完成时和将来完成时六种,在《英文举隅》分别被称为"当时""襄时""异时""今成""昔成""将成"。

分词被译为"系静动字",包括"当时(系静动字)""已成(系静动字)""双叠(系静动字)",分别对应现在分词、过去分词和分词复合结构。

总的来说,《英文举隅》对这些术语的翻译吸收了传统语言学的成果,也有自己的创新。

第十二至十四节通过"辨伪"即改错的形式,列举了一些语法方面英语学习者经常混淆和误用的错误例句,有针对性地对相关语法知识进行辨别和解析,从而强化和丰富了英语学习者的语法知识,有利于英语学习者理解和掌握相关语法知识点。后几节的内容是句法结构、特殊字用法和句读标点等,还有前后缀构词法、省略法和倒装法。

由于当时可参照借鉴的材料奇缺,许多语法术语的翻译对当时教材编写者来说是一道难以跨越的门槛。汪凤藻在《英文举隅》中开创性地使用了诸多语法术语,不仅方便了当时的教材编写者,还让一些术语得以传播并传承下来。可以说,《英文举隅》为我们贡献了很多至今仍在使用的语法术语,如"文法""专名""辅音""通称""称谓""单数""语助辞(词)""多音字"等。还有一些教材中使用的术语与今天的通用术语相似,如"字类"(词类)、"专用"(专有)、"多数"(复数)、"代静字"(代词)、"动字"(动词)、"省字"(省略)、"倒句"(倒装句)等。严格来说,《英文举隅》中使用的术语可能并非全部由汪凤藻首创[①],但大部分术语经过他的使用,借助《英文举隅》的影响力从而固定下来并得到了广泛传播。《英文举隅》使用的另一些语法术语,如"平等"(形容词原级)、"加等"(比较级)、"极等"(最高级),就未能进入近代汉

---

① 根据黄兴涛的研究,"单数""多数"这两个术语是马礼逊的首创。参见黄兴涛:《第一部中英文对照的英语文法书——〈英国文语凡例传〉》,载《文史知识》2006年第3期,第59页。

语话语体系。①

在国人学习英语的早期阶段，《英文举隅》大大方便了国人学习英语、学习英语语法知识，对英语语法知识的传播起到了重要作用。概言之，汪凤藻在吸收和接受前人成果的同时，开创性地使用了大量规范英语语法术语，这体现了当时英语教材编写者概念化的水平在前人基础上有了更进一步的推进。

4.1.8 《英文话规》

为了方便光绪皇帝学习英语，张德彝编写了一部英语语法书《英文话规》，于1895年完稿。《英文话规》借鉴了《英文举隅》的术语，是近代中国人编写的最早英文语法书之一，于1909年由京华印书局出版。据史料记载，《英文话规》也是曾国藩长子曾纪泽学英语的案头之书。②

《英文话规》按词性将英语单词分为以下九类：分指字（冠词）、实字（名词）、指实字（形容词）、替实字（代词）、动字（动词）、指动字（副词）、接连字（介词）、承转字（连词）、发语字（感叹词）。

孙广平研究认为，《英文举隅》和《英文话规》没有练习③，这说明当时的中国文人在编写英语教材时，仍然遵循中国传统的读和背的学习模式，没有真正了解和接受当时西方的教育理论。《英文话规》与《英文举隅》相比，仅在将动词称为"动字"、连词称为"承转字"、感叹词称为"发语词"这几个方面的说法一致，这说明直到清末，英语语法术语还没有完全统一。④

4.1.9 《英文汉诂》

《英文汉诂》（*English Grammar Explained in Chinese*）（1904）的编写

---

① 张美平：《京师同文馆外语教育研究》，浙江大学出版社，2017年，第314页。
② 曾纪泽：《曾纪泽日记》第二册，刘志惠整理，中华书局，2013年，第712页。
③ 孙广平：《晚清英语教科书发展研究》，中国社会科学出版社，2016年，第227页。
④ 季压西、陈伟民：《从"同文三馆"起步》，学苑出版社，2007年，第317页。

目的是"植人才铸国民",是中国第一本使用新式标点符号的汉字铅印横排本书籍,在国内再版逾20次。书上载明严复是图书的编撰者。笔者采用的《英文汉诂》是上海商务印书馆1933年的版本,作者署名是Julin Khedau Yen-Fuh。邹振环认为上面的英文署名可能是严复在英国的笔名。①书籍横排有利于对英文书籍的排印、阅读和理解,标点符号的使用可以让学习者加快阅读速度,也有利于学习者对文章的理解。《英文汉诂》给学习者的英语学习和英语水平的提高提供了便利条件。②

严复(1854—1921),原名宗光,后改名复,福建侯官县人,是中国近代颇具影响力的资产阶级启蒙思想家,著名的翻译家和教育家,先后毕业于福建船政学堂和英国皇家海军学院,曾经担任过京师大学堂译局总办、上海复旦公学校长、安庆高等师范学堂校长。在李鸿章创办的北洋水师学堂任教期间,严复培养了中国近代第一批海军人才,翻译了《天演论》等,系统地介绍了西方的民主和科学知识,宣传维新变法思想,把西方的社会学、政治学、经济学等学科译介给国人。

严复对英文的掌握达到了炉火纯青的地步,在英国留学期间阅读了大量当时著名哲学家、经济学家和思想家的原版论著。出使英法的大臣郭嵩焘对严复的英语特别推崇,认为其水平远远超过了随身译员。严复注重外语学习和外语教育,与他的以西学为主的新式教育思想有关,也与当时急于寻求出路、摆脱困境而自强的国情有关。

严复在《英文汉诂》的《叙》中阐释了"普世语法"和"个别语法"的区别:"文法有二者,有大同者焉,为一切语言文字之所公;有专国者焉,为一种之民所独用。而是二者,皆察于成迹,举其所会通以为之谱。"③ 严复在《英文汉诂》中不只讲解了英语语法、词汇、语音等,还兼以汉语为参照,阐述了他对普世语法和个别语法的认识。④

严复为了减少国人对英语的误解,付出了极大努力,这主要体现在

---

① 邹振环:《翻译大师笔下的英文文法书——严复与〈英文汉诂〉》,载《复旦学报(社会科学版)》,2007年第3期,第53页。
② 张英:《启迪民智的钥匙——商务印书馆前期中学英语教科书》,中国福利会出版社,2004年,第85-86页。
③ 严复:《英文汉诂》,商务印书馆,1933年,序言。
④ 吴昂:《严复的外语教育思想》,载《外语教学与研究》1993年第4期,第53页。

《英文汉诂》使用的语法术语方面。

《英文汉诂》没有使用词性的概念，而是把词分成若干"部"，分别是名物部（今为名词）、区别部（今为形容词）、称代部（今为代词）。代词又细分为以下类别：反身之称代（今为反身代词）、指事称代（今为指示代词）、发问称代（今为疑问代词）、复牒称代（今为关系代词）、无定之称代（今为不定代词）。

当时还没有"词"的概念，在讲解英语语法时《英文汉诂》还使用了如下术语：云谓部（今为动词）、疏状部（今为副词）、介系部（今为介词）、挈合部（今为连词）、嗟叹部（今为感叹词）、助谓字（今为助动词）、候（今为时态）、直接受事与间接受事（今为直接宾语和间接宾语）、指件字（今为冠词），以及有定指件字和无定指件字（今为定冠词和不定冠词）。

至今仍有不少术语被现代英语语法沿用，比如元音（vowels）、句法（syntax）、主语（subject）、谓语（predicate）、虚拟语气（subjunctive mood）、祈使语气（imperative mood）、动词及物（transitive）与不及物（intransitive）。

邹振环概括了《英文汉诂》编纂的四个特点。第一，对西方文化史有深厚功底的严复在讲述英语语法时不是仅一般性地阐述语法规则原理，而是非常强调语法现象的源流关系，特别分析了英语构词中的拉丁文和法文前缀。第二，非常重视从整体上系统把握英语语法的逻辑关系。第三，将英语语法的学习上升到文化理解层面。《英文汉诂·卮言》引用约翰逊的话："无论古今，但使其国有独擅之学术，有可喜之文辞，而他种之民有求其学术，赏其文辞者，是非习其语言必不可。文字语言者，其学术文辞之价值也。"① 这表明语法的教育涉及文化、政治、经济、科技，甚至世界观。在《论字母与其音》一节中，严复在谈到英语元音时写道："同于中国之宫商角徵羽；a 商、e 角、i 徵、o 宫、u 羽也"②。严复在《英文汉诂》中用《千家诗》中的"傍花随柳过前川"，以及"曾参杀人""高

---

① 严复：《英文汉诂》，商务印书馆，1933 年，第 ii 页。
② 严复：《英文汉诂》，商务印书馆，1933 年，第 3 页。

力士脱靴""黔之驴"等中国典故解释英文之处很多。第四，严复把编纂《英文汉诂》视为一种通过语言学研究去进行文化对比的实践，可以说，采用文化比较的视角是该书的一大特色。①

关于英语语法术语翻译，当时社会上的精英和普通民众有两种不同的翻译方法，前者偏爱并沿用严复在《英文汉诂》中使用的译法，后者偏爱日本译法。② 以英语八大词类汉译术语为例，《纳氏英文法》和《增广英文法教科书》采用了严复的译法，译自日本的《正则英文教科书》采用了日本译法，而《中学英文典教科书》则杂糅了严复与日译两种译词方法。

《英文汉诂》有些术语的使用参考了《说文解字》。例如：English derivatives 被译成"转注"（今为"派生"），可能就是借鉴了许慎在《说文解字·序》中的说法："转注者，建类一首，同意相受。"compound 译成"会意"（今为"合成词"）。会意是会心的意思，也指用两个或两个以上的独体字根据意义之间的关系合成一个字，来综合表示这些构字成分合成的意义。用会意法造出的字就是会意字。这可能也是参考了《说文解字》"会意者，比类合谊，以见指㧑"③。这是从组合部件汇合意义的角度来说的。

严复将英语的词根词缀构词法套上了汉字会意、转注、假借的外衣。④ 在语音的讲解方面，他也从音训和后缀流变两方面考察中西语言的同源，以"因声求义"的传统方法为起点，努力寻求中西语言系统在语音上的"契合"之处。他以语音为切入点，在解释英语元音时将英语元音与中国古音"宫商角徵羽"对应，按照汉字韵部做成"英字元音表"。《英文汉诂》中多次用到了这种中英语音对照的方式。严复认为，英语中通过变化元音以改变词性的现象与中文的"破读法"相似，即通过平仄声调的变化来改变汉字词性。通过考据汉字古音，严复将该古音与发音相

---

① 邹振环：《翻译大师笔下的英文文法书——严复与〈英文汉诂〉》，载《复旦学报（社会科学版）》2007年第3期，第55-56页。
② 孙广平：《晚清英语教科书发展考述》，浙江大学博士论文，2013年，第385页。
③ 许慎：《说文解字》汤可敬译注，中华书局，2018年，前言第4页。
④ 曹晓华：《从"亡国沦种"到"欧亚同种"——论严复〈英文汉诂〉的语言文化观》，载《湖南大学学报（社会科学版）》2015年第6期，第93页。

似的某个英语词缀归为同源，支持中西合一。

《英文汉诂》用中国古典语文来翻译西方思想，用传统思维模式来介绍语法术语，这一方面让人感觉格格不入，另一方面却也促成了当时中西思想在中国的调整和融合。严复自觉或不自觉地用自身的民族语言规范"归化"西方文法体式。他以文言"诂"英语的过程，其实也是一个"控制"和"改造"的过程。① 严复的文言经验自始至终制约着他对西文的理解、吸收和应用，特定的时代氛围又强化了严复对自己的语言文化体系的信心，这种信心同时夹杂着母语自信心和民族自尊心。

《英文汉诂》用一种传统训诂学的方法由汉字古音推延至古英语的构词成分发音，通过一种甚至过于牵强的"求同"实现汉语与西语的对话，实现中西"赏文之秘"的互补，并以此作为民族精神压力的突破口，在提高汉语地位的同时缓解民族意识的焦虑感。用语言推导出的欧亚同种理论揭示了这样的内在逻辑：语言生命力强弱的背后是民族精神力的强弱，古老的汉语既然与英语同源，就意味着中华民族在先天上与西方民族相比不存在任何劣势。② 严复及其学说最终也完成了在中国近代史中的新陈代谢，《英文汉诂》见证了严复借西语以益国文、借延续古文精气以求民族自强的尝试。③

4.1.10 《纳氏英文法讲义》

根据毕苑统计，晚清时期译自日本的英语教材有四部，分别是斋藤秀三郎的《正则英文教科书》《英文法教科书》《最近英文法教科书》和神田乃武的《高等英文典》（*Higher English Grammar*）。④ 孙广平统计了11

---

① 曹晓华：《从"亡国沦种"到"欧亚同种"——论严复〈英文汉诂〉的语言文化观》，载《湖南大学学报（社会科学版）》2015 年第 6 期，第 94 页。
② 曹晓华：《从"亡国沦种"到"欧亚同种"——论严复〈英文汉诂〉的语言文化观》，载《湖南大学学报（社会科学版）》2015 年第 6 期，第 94 页。
③ 曹晓华：《从"亡国沦种"到"欧亚同种"——论严复〈英文汉诂〉的语言文化观》，载《湖南大学学报（社会科学版）》2015 年第 6 期，第 96 页。
④ 毕苑：《建造常识：教科书与近代中国文化转型》，福建教育出版社，2010 年，第 246 - 247 页。

部斋藤秀三郎编写的英语教材。① 当时的日本学校大多选择《正则英文教科书》作为英语学习的系列读本。1902 年，留美学生刘成禹及留日学生但焘将该书日文翻译成中文，随后在上海昌明公司寄售。

这一时期有代表性的译自日本的英语教材还有一部英语语法书——《纳氏英文法讲义》。这部语法书使用广泛，季羡林就使用过该教材。这是一部英国人专门供殖民地英语教育的语法书，原作者是纳思菲尔（Nesfield）。全书分为一至四册，1902 年由商务印书馆出版，此后多次印刷，既有英文原版，又有赵灼等人的汉译版本。

商务印书馆出版的全英文《纳氏英文法》在中国的英语学习者中没有产生很大的影响。之后广为人知并产生深远社会影响的是上海群益书馆于 1907 年出版的由赵灼翻译的《纳氏英文法讲义》四册。在此之后，群益书社又出版了陈文祥、陈嘉等人翻译的《纳氏英文法讲义》，上海世界书局于 1938 年推出了陈徐堃译的《纳氏文法》第四册。这几部译作，均一版再版，甚至 1970 年台湾平平出版社还出版了《纳氏英文法》的汉译本。1913 年版本中的第一部分《叙》由马相伯所写。群益书社的三个中译本中，只有赵灼所译版本有马相伯所作的《叙》，陈文祥和陈嘉的中译本中就没有。②

该教材适合各个阶段的学习者，是一部内容全面的语法书。当时很多学校都把《纳氏英文法讲义》作为首选英语学习材料。周恩来的英文秘书杨承芳曾回忆说，当时的大学生和中学生大多要读《纳氏英文法讲义》。当时中国 90% 的学校学生要学习这部教材。③ 学习者通过学习《纳氏英文法讲义》打下了扎实的英语语法基础，可以说《纳氏英文法讲义》为他们掌握英语语言、了解西方提供了有力的帮助。我国的老一辈著名作家、学者、文学家和翻译家中很多人也曾学习过《纳氏英文法讲义》，他们翻译出的一系列西方文学作品至今还广为流传。

《纳氏英文法讲义》在讲解英语语法时使用了很多中文语法术语，例

---

① 孙广平：《晚清英语教科书发展考述》，浙江大学博士论文，2013 年，第 307-308 页。
② 孙广平：《晚清英语教科书发展考述》，浙江大学博士论文，2013 年，第 281 页。
③ 孙广平：《晚清英语教科书发展考述》，浙江大学博士论文，2013 年，第 285 页。

如名词、动词、代名词①、形容词、副词、前置词（今为介词）、接续词（今为连词）、感叹词、普通名词、固有名词、物质名词、集合名词、过去分词、单数形容词、原级、比较级。这些术语有的在今天仍然在使用，由此我们可以看到中国的英语语法术语翻译深受该教材的影响。

回顾晚清时期国人使用的常见英语教材，可以看出这一阶段英语教材的发展呈现出了与以往时期不同的特点。第一，中国英语教材的来源更加多元化：既有从西方直接引入的原版教材，也有受到日本明治维新影响而被大量引入日本的英语教材，还有中国学者自己编写的专门为国人学习英语使用的教材。第二，英语教材的门类更加细化：既有以往学习英语特别受重视的语法类教材、商务英语类学习读本，也有英语口语类教材。更为重要的是，此时出现了由中国人编写的具有现代教育意义的中小学分年级英语系列教材。第三是英语教材编写体现了当时的先进教育理论。②

中国人自编英语教材的发展呈现出如下特点：自编英语教材机构大大增加，形成了以商务印书馆为龙头，以上海群益书社、上海广智书局、上海一新书局等多家机构为代表的英语教材专业发行机构，其中最大、最出名的机构是上海的商务印书馆。③ 从1898年到1911年，商务印书馆至少出版了49种英语教材④，其中包括严复的《英文汉诂》和伍光建的《帝国英语读本》等知名教材，这些教材不少是经过学部审定后才进入学校课堂的。商务印书馆编译所在英国文学、英语语法、英文会话、英文尺牍、英文翻译、英文字典及学生英文读物等方面都做了大量有意义的工作，推动了全国的英语教学工作。

清末日益浓厚的外语学习风气，是商务印书馆的英语教材拓展市场、广泛销售的有利条件。英语教材无形中成了商务印书馆诞生、成长和发展的催媒，可以说早期英语教材使商务印书馆在出版界崛起并在英语教育界崭露头角，改变了自己最初印刷商的形象，在文化界奠定了自己独特的出

---

① 笔者认为该词的译法受到了日文"代名词"的影响，今译为"代词"。
② 孙广平：《晚清英语教科书发展考述》，浙江大学博士论文，2013年，摘要第2页。
③ 孙广平：《晚清英语教科书发展考述》，浙江大学博士论文，2013年，第204页。
④ 张英：《启迪民智的钥匙——商务印书馆前期中学英语教科书》，中国福利会出版社，2004年，第51-62页。

版地位。商务印书馆早期英语教材的出版，大大推动了后来中华书局、世界书局等出版机构对近代外语教材的编译和刊行。①

中国人自编英语教材门类更为齐全，出版形式更为多样，受众面更广。当时中国人自编的英语教材大致可分为以下六类：语法类、综合性系列读物、阅读类、翻译类、作文类和口语类。此外，中国人在自编英语教材时更注重结合先进的教育学理论，注意增加插图，以提高学习趣味性。有的教材按照章节编排教学内容，每章节信息量大致相当，编排体例一致，附加练习，并开始横向排版。

4.2 日语教材

陈娟研究了晚清国人使用的日语教材中的139部教材（包括词典），从五个方面对晚清国人使用的日语教材进行了系统分类。②

第一，从形式上看，日语教材可分为速成型和传统型两种。速成型教材编写的出发点主要是中国人传统上"中日同文"的观点，这个观点给正确科学的日语学习造成了很大障碍，但是对日语在国人中的普及有利。这类教材的代表是梁启超的《和文汉读法》以及日语速成法类的教材。这类教材以提高日语阅读能力为目的，不太重视听说等日常语言应用能力，对当时学习日语的国人影响很大。这类教材页数少，对发音和语法的解析不充分，代表性教材有《东语速成编》（1905）和《日语捷径》（1905）等。另一类教材包括传统语言学习的内容，如语音、单词、语句、语法、文章阅读等，是按照循序渐进的顺序编排的传统教材，代表性的有《东语正规》（1900）和《（实用）东语完璧》（1903）等。

第二，从内容上看，晚清国人使用的日语教材可分为词汇集、会话集、语法书、精读类教材和词典五种。

---

① 邹振环：《〈华英初阶〉和晚清国人自编近代英语教科书的发轫》，载《近代中国》第十五辑，上海社会科学院出版社，2005年，第159页。
② 陈娟：《清末中国人の日本語学習史に関する研究——教科書と辞書を通して》，日本关西大学博士论文，2014年，第22-28页。

词汇集类教材类似于今天的单词表，附有简单的发音说明和汉字标注的发音，多数用反切。收录的单词以名词为主，其他还有少量动词以及极少量的短句。教材中几乎没有例文和语法说明，多数都是汉日对照。这类教材兼有词典的功能，典型代表有《东语简要》（1884）、《和文奇字解》（1902）。还有一类奇字解类教材。奇字解类教材通过语源考证，证明有些日语新词源自汉语，这让国人对日语有一种优越感。这类教材与日语速成教材是互补的存在。

会话集类教材以会话为核心内容，以留学生和商人为主要授课对象。形式上是汉日对照，有简单的发音说明，收录单词，单词用汉字注音，只有很少甚至没有语法讲解，代表有《汉译学校会话篇》（1906）和《东语会话大成》（1907）。在词汇集、会话集、语法书和精读类教材中，词汇集和会话集是最多的，是学习者进行日语学习的主要材料。从会话集类教材中，我们可以看到当时的中国人是如何同日本人进行交流的。同时，从一些会话集类教材的序言部分可以看出，当时国人学习日语的目的是通过学习日语而学习新知识。

在语法书方面，这一时期出现了配有中文解释的日语语法书，且多数是日汉对照。最初的日语语法书是日本人编写的语法书的翻译版。丁福同翻译的《中等日本文典译释》是中国出版的最早由国人翻译的日语语法书之一。这一时期还有一类日语语法书是日本的国语学教育家为当时留学日本的中国学生所编写的。他们考虑到为日本人编写的语法书不适合中国人学习，因此专门为学习日语的中国人编写了语法书，代表性的有松本龟次郎编写的《言文对照汉译日本文典》（1904）。《言文对照汉译日本文典》专门针对中国人学习日语的难点而进行了详细讲解，这种编写方法对此后中国人编写语法书提供了重要参考。此书多次再版，发行时间长，发行数量多。此外，中国人自己也编写了一些日语语法书，典型代表有《东文典问答》（1901）、《东文法程》（1905）等。其中，《东文法程》是国人模仿日语语法书而编写的最早的语法教材之一。语法教材一般都有汉语译文和相关例文。从这些语法教材中我们可以看到当时国人已经有了语言分析的意识，开始模仿日语的品词分类，接受了代名词和副词，这对现代汉语语法也产生了一定的影响。

精读类教材是词汇集、会话集、语法书这三种的综合，内容充实，形式上也是汉日对照。编写者大都是在日本留过学，有日语学习经验，具备丰富日语知识的人。这种日语精读类教材往往编写水平较高，语言表述规范准确，如《东语正规》（1900）和《东语课程》（1905）。

第三，从编写目的看，这批教材可以分成两类，一类是以语言学习为主要目的，另一类是以非语言学习为主要目的。语言学习类教材大都以留学和语言学习为目的，其中词汇集和会话类教材占多数，典型代表有《东语速成编》（1905）和《东语会话大成》（1907）。语言学习类教材中还有水平比较高的综合精读教材，典型代表有《东语正规》（1900）。以非语言学习为主要目的的教材，其目的大都是语言速成，编排也以语言速成为中心，内容包括法律、贸易等领域的用语和日常会话，也包括简单的发音和语法说明。从清末日语教材的总体情况来看，前期以促进贸易为目的的教材占多数，这与当时日本商贸以及中日贸易增长有关，代表性教材有《贸易业谈》（1901）和《法政日语业编·民法》（1907）等。

第四，从编写者来看，有中国作者编写的教材，也有日本作者编写的教材，以及中日作者合编的教材。总体来看，日本作者编写的教材水准较高，尤其是对语法进行系统讲解的语法书。当时这类教材的使用者是在日本的中国留学生，并不是在国内准备赴日的学生。随着国人日语水平的提高，同时也为了满足当时有识之士日益增强的学习愿望，日语教材编写的水平逐渐有了提高。

第五，从出版机构来看，有中国出版和日本出版两类。《和文汉译读本》（1901）和《日本文典大纲》（1902）这两部在日本出版的教材由日本人编写和校订，供日本国内的日语学习者使用。这一时期清政府提倡赴日留学，出现了赴日以及日语学习的高潮。由于速成法是主流，因此日语速成类教材得以大量出版。1906年，日语教材的出版数量达到高峰，仅一年内日语教材就出版了45种。日语教材的蓬勃发展反映了当时中国人留学日本的热潮，以及学习当时日本的先进文化的迫切性。

笔者整理已经搜集到的有一定影响力的晚清国人使用的日语教材，重点整理以下五部：《东语入门》《东语正规》《东文法程》《日语入门》

《东文易解》。①

4.2.1 《东语入门》

《东语入门》（1895）的作者是陈天麒，出版地不详。该书是目前公认的清末由中国人编写的最早的日语教材之一。陈天麒在序言中明确提出，编写该教材是为中国人的日语教学服务。清末中国人编写的日语教材多用"东文""东语""和文"称呼日语，之所以称为"东文"或"东语"，可能与"西文"和"西语"相对，与地域和时代亦有关联。

《东语入门》从总体上体现出较强的汉语本位观，所收录的日语例句也体现出编者是以一种汉语的眼光来看日语的。

《东语入门》在北京大学图书馆古籍馆有馆藏，在实藤文库也藏有两个版本（实藤文库229与230）。该书分为上下两卷，书前有王韬所写的序言、自序和凡例。所列单词按照中国类书法分门别类列出。上为中文，下为日语片假名标注的读音，片假名旁注有江浙口音的汉字读音，类似反切音还标了下划线。如"算法"注音为"サンシュツ 杀痕其油之"。词汇部分占据了该书的绝大部分篇幅，从这一点来看，最初的日语教材兼有词典的功能。上卷分为15门：天文门、时令门、地理门、郡国门、君臣门、刑法门、人伦门、人物门、形体门、文事门、武备门、珍宝门、宫室门、服饰门和饮食门。下卷分为20门：舟车门、器用门、医道门、采色门、数目门、秤尺门、果蔬门、草木门、花卉门、飞禽门、走兽门、鳞介门、昆虫门、进口货、出口货、一字语、二字语、三字语、四字语和谈论门。其中三字语、四字语和谈论门收录的是短句和会话。

4.2.1.1 成书背景

作者陈天麒，生平不详。他在自序中写道：

---

① 在此需要说明的是，笔者尽力在我国和日本查访晚清日语教材的相关资料，但有一些教材却由于种种原因未能见到原书。由于篇幅限制，本书重点整理了这五部日语教材。

当谓万国之语言文字，既不能强同，则凡具有血气心知、聪明才力者，正宜各尽所学，以期无所不通、造于无所不便而后快。自各国通商以来，我华人之攻读英法诸文者，日甚一日，惟研究东学者寥寥。盖亦苦于未得其门耳。按日本字与语同，四十八字母，一字一音，聚音成言，就言见义，或两三字成一言，或五六字成一义，间有七八字至十数字者，颇似西文拼字之法。以视我国每字各具其者，判然不同矣。余自乙酉年，随家大人使日本，举业之暇，兼习东西文语。在东京六年，该国语言文字略能会通一二，愧未博究其意奥，讵敢自矜，有得出以问世。然既稍有所知，又乌敢私以自秘。况两国近又修睦，增开商市。东人之来我华者愈多，贸易日盛而顾无人焉。辑一书以启后学，窃虑言语不通，情必扞格而易启猜嫌。爰不揣浅陋，辑译是书，注以华音，既竣，友人怂恿付印，因志数语于简端。①

从这段自序文字中我们可以看出，编写《东语入门》的时代背景是清政府与各国通商以后，当时的中国人纷纷学习外语。这一时期许多中国人学习和研究英语和法语，唯独研究日语的人寥寥无几。日语学习者此时难以找到合适的学习方法。作者于1885年随父亲驻日，随后在日本六年，为两国通商友好而编写了此书。从这篇自序中我们还不难看出，陈天麒的日语语言观明显受到汉语的影响，认为日语字和词不分。他还把日语与西方语言做了对比，得出日语的拼字之法与西方语言拼写方法类似的结论。此外，陈天麒设想的日语学习者是在中国国内生活的人，为了达到与日本人进行简单的通商交流的目的而学习日语。

4.2.1.2　日语语音的讲解和说明

《东语入门》凡例中介绍了该书记录日语发音的体例。该书的标音方式以汉字为主，所注字音偏重于江浙口音。

> 首张所列日本字母其傍亦注以华音，使学者读去自能一目了然。

---

① 陈天麒：《东语入门》，出版信息不详，1895年，第1-2页。标点为笔者添加。

所注字音系就江浙口音，易于通用，而东国之音中国无字相肖者甚多，书中俱以反切取音。凡傍加一柱者，均须反一音而读之，以志辨别。①

《东语入门》将日语语音分成清音、浊音和次清音。五十音图中假名的发音都是清音，每五个音读成一句。"五十字母系调音之用，须读五字一句，如呼アキ即成ケ音，呼キア即成カ音，呼イカ即成ア音，呼カイ即成キ音，余可类推矣。"② 以上构成了日语的基本发音。ガ、ギ、グ、ゲ、ゴ五音是浊音，而パ、ピ、プ、ペ、ポ五音是次清音。浊音和次清音的注音方法与清音相同，同样用发音相近的汉字给日语的假名注音。如果找不到发音相近的汉字，则用类似反切法，如浊音和次清音的注音如下：ガ（额）、ギ（掰以）、グ（饿）、ゲ（呆）、ゴ（岳），パ（派）、ピ（披）、プ（普）、ペ（配）、ポ（扑）。

4.2.1.3 收录的词汇和常用日语表达

《东语入门》的词汇部分收录的一些单词反映了清末日常生活和风俗习惯的方方面面。从翻译方法来看，有些收录的日语单词是作者依据汉语表达习惯的生硬直译，不符合日语的表达习惯。例如，在"天文门"中，把"暑天"译为"アツゾラ"，把"阴天"译为"クモリタルテンキ"，"青天"译为"アヲソラ"，"冷天"译为"サムソラ"，"急雨"译为"ヒトフリノアメ"。

除了收录词汇，《东语入门》还记录了对应于汉语二字、三字和四字结构的惯用表达。今天看来这部分有不少错误和不足。比如，有的造句虽是以实际应用为目的，但由于是通过编者内省的方式生搬硬套而得出的，有削足适履之感，如将"再来"翻译成"フタタビキタル"；有些句子有语法错误，如将"前程远大"翻译成"ハヤキススミ"；甚至有的句子有

---

① 陈天麒：《东语入门》，出版信息不详，1895年，凡例第1－2页。标点为笔者添加。
② 陈天麒：《东语入门》，出版信息不详，1895年，第3页。

语法硬伤，比如缺少助词，如将"贵府在何处"翻译成"オタクドチラ"，将"贵庚多少"翻译成"オトシイクツ"。

4.2.2 《东语正规》

1900年，唐宝锷、戢翼翚编写的《东语正规》由上海作新社出版。笔者依据的就是1900年的这个初版。较早期的日语入门书，该书的内容更加充实。该书发行广，对准备赴日的中国留学生影响深远，到1906年，已经发行至第11版，这既说明有源源不断的读者阅读需求，也客观上反映了该书的影响至少持续到1906年。

实藤惠秀曾高度评价此书，认为它在日语教材历史上具有划时代的意义，因为在此之前中国人编写的日语教材都是从汉语的视角来看日语的，比如"你上哪儿去"被翻译成不正确的日语"アナタ何処行ク"，更没有对助词"テニヲハ"的研究。[①]《东语正规》对日语观察细致、分析深刻，体例也很全面，是清末中国人研究日语的集大成者。此外，该教材采用西洋式表里两面印刷，在中国书籍印刷史上也有重要意义。[②]

序言部分除了阐明编写目的是满足向日本学习先进文明的有识之士的语言学习需要，也证实了该书的受欢迎程度：《东语正规》多次销售"告罄"，由于在中国刊印发行不便，不得不在日本刊行。

> 岁辛丑之冬，期满将归，思谋输入东邦文明，以飨吾同胞之有志。新学者译述之书多至十余种，已成笈矣。正谋付梓，适东语正规又将次告罄，以东文之书在中国发印殊未便，故不能不在东付刊，窃思我国当兹创巨痛深之后，有志之士旋思磨荡脑力以为变法用，将来东渡留学者更当不绝于道，则输入文明之先导不得不求之于语

---

① 实藤惠秀：《中国人留学日本史》，谭汝谦、林启彦译，生活·读书·新知三联书店，1983年，第21页。
② 实藤惠秀：《中国人留学日本史》，谭汝谦、林启彦译，生活·读书·新知三联书店，1983年，第252页。

学也。①

　　《东语正规》的两位作者是清政府公派的留日学生唐宝锷和戢翼翚。唐宝锷是清政府派出的年纪最小的留学生，他从东京的专门学校毕业后，升入早稻田大学政治经济学部。1905年毕业回国，通过科举成为进士。他曾经多次考察日本，并在中国长期担任律师会的会长，对中日法律的相关问题可以说是了如指掌。戢翼翚在籍于嘉纳治五郎的亦乐书院，同时又在东京专门学校学习。在日本留学期间，戢翼翚翻译出版了许多有关日本的书籍，并在东京成立了译书汇编社，在上海成立了出洋学生编辑所，又同实践女校的校长下田歌子一道创立了作新社，积极参与日本书籍的汉译和出版工作。《东语正规》总共有三卷。卷一为语法，分文字溯源、文字区别（附引证）、字母原委、字母音图、字母解释、声调、拼音法、音调、变音、语法摘要、虚字、言汇、学期、学诀等节。语法摘要部分列举文语和口语的例句说明日语语法，并附有中文翻译。语法摘要部分涉及日语的历史、日语语音、词类划分等内容，详述了助词的用法、动词的活用等中国人日语学习的难点。卷二为散语，主要是日语词汇集，分为天文类、时令类、数目类、颜色类、舆地类、宫室类、国名类、各国都域商埠类、方向类、人伦类、称呼类、官爵类等46类，之后附有日常用语的问答，为日汉双语对照，分成日用语、燕居语、访友语、游历语、庆贺语等十个类别。卷三为语诀和中日对译的短文，内容包括史事三则、人事六则、杂谈四则以及泰西哲言十三则。

　　此外，《东语正规》还收录了一些新语，并就日语学习方法提出了建议。

　　清末中国人的日语学习是一种间接获取西方文明的手段，因此被赋予了新的含义。这同时也是20世纪初日语教材大量出版的原因之一。这一点也体现在《东语正规》收录的新语中。《东语正规》把日语的词汇分为四种，分别是训语、汉语、音语、新语：

---

① 唐宝锷、戢翼翚：《东语正规》，作新社，1900年，序言第1页。标点为笔者添加。

训语，即日本土语，虽个用汉字，而音与意亦有不同处。如赤坊。

汉语，加セシ、ス、スリ、スレ等字，但成动词用之语。如追加。

音语，假汉字汉音，而牵强其意，以用之语也，附加セシ、ス、スリ、スレ等字，做动词用之语。如下落。

新语，近世西学盛行，所译西书，有不能以汉文译者，乃假用汉字，自造多语，其意与本字之意，大相径庭。①

日本人在翻译西方书籍时遇到了一些新词汇，他们采用借用汉字的方法创造出了的新词汇，即引文中提到的新语。《东语正规》中列出了11个这类新词汇。

腸窒扶斯　伤寒症
肋膜炎　肺病始基
輪道　电气阴阳两铁线之称
分極　轻气阻碍电流之称
酸素　养气
水素　轻气
炭素　炭气
帰納法　举大成法，论理学语
演繹法　集一反三之法，论理学语
物質文明　有形文明，若格致等学
憲法　君主与百姓所约之法②

在语法部分之后，《东语正规》给出了关于学习日语顺序的建议。当时的日本教师大多参考西方书籍而口授日语，如果一开始就让学习者这样

---

① 唐宝锷、戢翼翚：《东语正规》，作新社，1900年，第63-66页。
② 唐宝锷、戢翼翚：《东语正规》，作新社，1900年，第65-66页。

学习往往无法取得良好的教学效果。教材建议学习者可以先花三四个月的时间记一些日常寒暄用语，兼习日语语法，特别是虚字（助词）的用法，在弄清日语的大致结构以后多记一些动词和名词，再学习语法和写作等。接下来，学习者就可以听日本教师的授课，也可以看懂日文书刊了。作者还提出日语语法与汉语语法从根本上并不相同，没有四五年的专门学习根本不可能掌握日语。要想真正掌握日语必须下苦功，没有捷径可走，广泛流传的"日语速成法"是对日语学习者的一种误导。

（一）日本教习之授专门学也。大率参考西书而口授之，苟东语未熟，则讲者如钟，听者如聋。……学者宜先以三四月习日常应用宾客寒暄等语。兼详究语法虚字。俾知语之脉络，半载后，多记名动等词，习文法，学作文，及书札等类。期年渐可听东师讲义，东报东书，亦可稍解，于是由普通而专门，语将与学并进矣。

（二）汉文深通，及已通普通学者，专学东文以资考证，则卒业甚速，宜二三月学会话，并讲虚字变化，半载后学文法，且广搜名动等词，努力记之，期年小成，二年大成。

以上所定学期，专指学一种普通东文而言。若究其国语，真正倭文，其语法句法，与汉文大相径庭，非专学四五载，莫能贯彻，或谓日本文字数月可通，是道听途说之谬。①

在学习方法方面，《东语正规》建议学习者要听、读、记三者并用，以提高学习日语的效率。

凡课语言，入脑有三法，曰读、曰记、曰听。读者浸淫入脑，其效迟，记者勉强入脑，其效虽捷而易忘，听者自然入脑，其效迅速而难忘。熟读王道也。强记霸道也。习听天籁也。王道无近功。霸术不可恃。必也其行天籁乎。②

---

① 唐宝锷、戢翼翚：《东语正规》，作新社，1900年，第67-68页。
② 唐宝锷、戢翼翚：《东语正规》，作新社，1900年，第68页。

4.2.3 《东文法程》

《东文法程》(1905) 为中学堂教材,由上海商务印书馆发行。商务印书馆主人在《序》中说明"吴君幼莲夙精斯艺所著东文法程"[①],是一部多次再版、具有比较科学体例的日语语法教材。此书于1905年3月初版,随后不断再版,1924年已出至第13版,1933年2月后又有发行。

全书分为以下19章:总论、字母、音韵、名词、代名词、动词、副词、形容词、接续词、助动词、感动词、助词、文字连合、文句解释、文句逗顿、合字符号、和字、新字(单词,附中文)、译文(伊吕波歌、孟子十则、十八史略)。《东文法程》旨在教授规范的日语,所举例句多以文语为主。内容包括日语音韵、词类划分、连词成句的方法等,每一部分的解释都比此前中国人编写的日语教材更具体详尽,是一部体例齐全的日语教材。该教材反映了清末中国人对日语更精细精准的认识。语音部分不仅用音韵学方法讲授日语假名的发音,详述了日语中鼻音、促音、约音、延音和略音的发音方法,还专门讲述了音便现象。词法部分把日语的词类划分成十类,每一类词都在进一步分类的基础上结合具体例句说明其语法功能。此外,《东文法程》还选取了不少经典日语篇章中的句子做逐字的语法分析。

4.2.4 《日语入门》

《日语入门》由长谷川雄太郎编写,是在广东同文馆中国本土日语教育实践的基础上诞生的日语教材。该书于1900年正式出版,据《实藤文库目录》记载,1901年还有日本宫岛大八所办的善邻书院重刻本。

清末中国人编写的许多日语教材均参考了《日语入门》的内容和体例。比如,薛琛编写的《东语语法提纲》是《日语入门》的摘要。夏甸南和姜见如编写的《东语课程》对《日语入门》一书予以全部摘录。

---

① 商务印书馆编译所:《东文法程》,商务印书馆,1905年,第2页。

《日语入门》在北京大学图书馆古籍馆有收藏本，分别是1904年和1907年的两个版本。该书例言证实了广东同文馆刊行的《日语入门》确实是清末最早一部专门为中国人学习日语而编写的教材，在此之前中国人学习日语没有现成的教材，广东同文馆的学生靠记日记的方式记录每天日语课的内容，积累成册。这些日记在学生之间传抄的过程中难免产生错误，因此作者编写了这本日语教材。《日语入门》也是长谷川雄太郎日语教学实践的成果。《日语入门》专门选取了贴近生活的用语，便于学生入门。全书日汉对照，汉语的翻译方法以直译为主。例言不仅讲述了该书的编写目的，还提出了日语语音学习的建议。长谷川雄太郎认为语音训练在初学阶段最为重要。此外，他自信地指出，学习者在熟练掌握该书内容的基础上灵活运用就能用日语应付日常会话了。

  华人之学日语，苦无成书。同文馆学生日记其所课，逐月累篇以成卷册。而转抄传写间生误谬，所以先刻是书也。
  是书所载名目字头非无过多之嫌，然初学者最以音声为要，欲练音声，则恐其无趣味，乃藉物名以充练音之用耳。
  书中用语专择鄙近者，欲其易入也。译语务必与原文相符，故亦多不雅驯。东西语法之异，势所不免，阅者谅焉。
  ……
  是书固虽不过入门，然学者能以全篇谙练习熟，则可以通大体，而后自应对以及谈论，盖犹水之就下也。凡言语之学，只在活用，活用之妙，只在其人。至其上堂窥奥，则余更有望与学者焉。

庚子晚冬
广东同文馆教习长谷川雄太郎识①

  例言后是日文假名字体，然后就是教材正文。正文分为假名、单词和文句三部分。假名从五十音开始，之后依次为鼻音、浊音、半浊音、拗

---

① 许海华：《近代中国日语教育之发端——同文馆东文馆》，载《日语学习与研究》2008年第1期，第55页。

音、促音和转呼音。每节以简单的词汇作为实例，并配以相关练习。所选实例为名词，旁注有汉字，有利于学生借助汉字理解和记忆。该书收录了逾1400个日语单词，分为以下29类：数目、月日、时刻、七曜日、四季、方角、天文、地理、人伦、身体、宫室、家具、化妆道具、食事道具、文具、农工商具、服饰、饮食、野菜、果物、草木、鱼贝类、兽、虫、职业、舟车类、金石类、药和贸易品。从收词部分可以看出该日语教材兼有词典的功能。

"造语篇"循序渐进地讲解了日语的造句规则，主要有以下内容：形容词、形容词修饰的名词词组、助词"ノ""ト""ニ"的用法等、动词、主谓和动宾结构的短语、"コソアド"系列、动词的活用、简体与敬体、日语的时态、量词、寒暄语和称呼语等。

长谷川雄太郎有在中国生活的经历和较好的汉语基础，因此教材的汉语注释和译文比较恰当，便于中国学生理解。该书所收录的单词和句子都贴近日常生活。例如：

  私ハ同文館ノ生徒デアリマス。（我是同文馆的学生）。
  问：広東デ売ル人参ハ何処カラ来マスカ。（问：广东卖的胡萝卜是从哪里来的？）
  答：朝鮮カラ参リマス。（答：从朝鲜来的。）

此外，长谷川雄太郎在教学中使用了问答法，这也是我们今天在教学中常用的一种句型操练法。例如：

  コレハ何デアリマスカ。（这是什么呢？）
  ソレハ机デアリマス。（这是桌子。）①

《日语入门》对日语语法的讲解抓住了中国人学习日语的一些难点，比如助词的用法、"コソアド"系列的用法、动词活用与语尾变化、简体

---

① 长谷川雄太郎：《日语入门》，善邻书院，1901年，第61页。

与敬体的区别等，并针对这些难点进行讲解。

4.2.5 《东文易解》

大矢透（1850—1928）是日本著名的语言学家，在万叶假名、中国古代语音和五十音图等方面的研究很有建树。《东文易解》是清末他专门为中国的日语学习者编写的一部日语教材，全书用汉语写成。从扉页来看，《东文易解》的校阅者是当时在东京外国语学校、东京高等商业学校任教的两位中国讲师金国璞和张廷彦。全书分为前后两编：前编由23章组成，从假名开始讲解，用一套特别的术语归纳概括了日语的句型，并把日语句子结构与汉语进行对比并予以解析；后编选择了17篇文章，篇中标注反读法的符号，供学生进行日语文章阅读练习。

《东文易解》由泰东同文局出版发行。泰东同文局由伊泽修二创办，出版发行了一系列针对中国学生的日语教材。其中具有代表性的教材还有《东语初阶》和《东语真传》，教材中主导的教学方法是句型教学法。

《东文易解》的凡例中提到了编写该教材的动机："日东之与中华、固为唇齿辅车之国矣、观宇内之形势、两国宜相亲相结、盖莫急于今日也、而欲其相亲相结、则莫先于意志之相通。意志之相通、则必藉语言为之媒介。此吾所以有是书之著也。"[①] 也就是说，中日两国的交往和友谊必须借助语言为媒介，才能达到互相沟通的目的。作者感到在此之前为清朝留学生编写的诸多日语教材有很多缺点，特别是在语法方面解释得不是很好。凡例又说，这是第一本向中国人讲解日语语法的书，所使用的语法术语并无典籍可考。"古来，为华人说读东文之法者，盖以此书为首。故书中所用之品目称谓，不典者居多。实出于不得已，读者勿以杜撰见尤幸甚。"[②] 当时中国还不存在诸如主语、谓语、宾语、动词、副词、介词等语法术语，教材编写者在说明语法现象时遇到了很大困难。为此，该书为中国学习者设计了一套独特的日语语法描写框架。

---

① 大矢透：《东文易解》，泰东同文局，1902年，凡例第1页。
② 大矢透：《东文易解》，泰东同文局，1902年，凡例第1页。

通过分析文本细节我们发现,《东文易解》的课文释义方法也受到了梁启超"和文汉读法"的影响。由于当时许多中国人都认为日语与汉语文字基本相同,清朝留学生往往普遍持有这样的日语观,以为只要熟识日语假名、语尾变化和词句的顺序就可以掌握日语。大矢透在书中归纳了日语的17种句型,以期待这些留学生进入预备校以后,按照反读法大体上能够读懂日语。

前编的文解部分首先把日语与汉语的不同之处概括为假名、词尾变化和语序三点,这三点同时也正是中国人日语学习的难点。

> 东文之与华文异者有三,曰字母,曰语尾变化,曰辞句之次序。惟此三者,为华人所难解也。①

前编的第二部分"字母"是用五十音图和吕波歌图教学生日语假名的发音和文字,包括平假名、片假名和原字。语音部分给出了详细绘制的口腔纵断面图展示假名的发音部位和方法,比如开口度和唇形。

《东文易解》重点讲解了日语的17种句型,有些句型讲解中还与汉语的类似句型做了对比。每一种句型讲解后附以文语的例句。这些句型包括:静动不贯句、静繁静不贯句、施受动相贯句、施受动不贯句、一施两受致动句、静以静致动句、静同静致动句、静因静致动句、静由静致动句、静受静致动句、静使静致动句、时异句、动致动之句、代静句、繁静句、辅动句、断定句、希望句、疑问句和感叹句。

《东文易解》用一套术语比较全面地归纳了日语的句型,在汉日对比的基础上向中国学生详细分析了日语句子的结构。该书还为随后面向中国人的日语语法书的编写提供了重要的参考。《东文易解》并非学术语法书,而是一部为清末学习日语的中国学生理解日语文章而提供指导作用的教材。这一点大矢透在凡例中就明确指出,此书"主读法而非说文法"②。

---

① 大矢透:《东文易解》,泰东同文局,1902年,第1页。
② 大矢透:《东文易解》,泰东同文局,1902年,凡例第2页。

尽管今天我们回头看，想要理解书中的某些术语并不是一件容易的事情，但是大矢透为了让当时的中国学生更好地理解日语句子结构，创造性地使用了这些术语，这种创意在当时的背景下还是值得肯定的。①

---

① 鲜明：《从汉日对比的角度浅析〈东文易解〉为中国学习者归纳的日语句型》，载《汉日语言对比研究论丛》第 2 辑，北京大学出版社，2011 年，第 294 页。

5 晚清国人使用的英语及日语教材的影响

5.1 对国人学习英语和日语的影响

5.1.1 开始使用术语

晚清国人使用的英语、日语教材中大量术语的使用表明了国人外语观的进步，教材中有些语法术语至今仍在使用。晚清的英语教材为科学的英语教学带来完整的语法体系，这部分在之前的章节已有详细论述，本章重点阐述日语教材中术语的影响。日语教材中的术语既借鉴了当时日语语言学的术语，也吸收了西方语言学和中国传统语言学的术语。

日语教材以晚清首部国人编写的日语教材《东语正规》为例进行说明。《东语正规》是第一本用罗马字进行标音的教材，第一次将科学的音声教学法引入教材中。《东语正规》还是首部国人编写的具有科学日语观的教材，标志着中国人的日语学习开始逐渐走向科学和系统。①

《东语正规》出版时，中文语法系统尚未建立，日语语法系统尚未完

---

① 鲜明:《〈东语正规〉在中国日语教育史上的意义》，载《日语学习与研究》2011 年第 6 期，第 75 页。

善。当时语法方面可利用的资源较少，同时日语语言学研究也在摸索阶段。第一本汉译语法文典在 1903 年问世，当时的日语语言学家们也没有出版为外国人准备的语法书。在这样的背景下，向中国学习者介绍日语语法是一件比较困难的事情。许多术语在中文中找不到对应的词汇，许多语法现象因为当时中文语法学没有对应的说法而不能找到对应的解释。①

《东语正规》在语音讲解的部分使用了"父音"这个术语。这个术语来自同一时期落合直文和小中村义象在 1893 年出版的《中等教育日本文典》一书，该文典中有"父音"的概念，内容与《东语正规》相同。但是大槻文彦在 1891 年出版的《语法指南》中只用了"半母音"的概念而没有使用"父音"的概念。我们从中可以推断出当时作者所受的日语语音教育是包含"父音"概念的。②《东语正规》还参考了中国传统语言学方法。比如，在语音讲解的部分就使用了"反切""入声"等中国传统音韵学术语。

《东语正规》在词法方面把日语词分为八类，分别是名词、代名词、动词（附助动词）、形容词、副词、后词"テニヲハ"、接续词和感叹词。这种分类方法和 1908 年以前的日本文法研究者的"文法"有很深的关系。日语语法分为两种体系：一种是依据洋文典的"洋学系统"，另一种是江户时期以来受国学影响的"国学系统"。洋学系统一般将词语分为八类（名词、代名词、形容词、动词、副词、助词、接续词、感动词）或者九类③，国学系统则一般将词语分为三类（体言、用言和接辞"テニヲハ"）或者四类。八品词的分类是模仿明治时期的西洋文典。

《东语正规》对日语名词进行了分类，将名词分为普通名词和特别名词，又将普通名词分为有形名词和无形名词。日本语法受到西方的影响，当时引入了这个概念。《东语正规》将普通名词分为动词拔萃名词和形容词拔萃名词。从内容上看，动词拔萃名词和形容词拔萃名词是指动词和形

---

① 陈娟：《早期中国人编纂的日语教材——以"东语简要""东语入门""东语正规"为例》，载《东亚文化交涉研究》2012 年第 5 期，第 293 页。

② 陈娟：《早期中国人编纂的日语教材——以"东语简要""东语入门""东语正规"为例》，载《东亚文化交涉研究》2012 年第 5 期，292 页。

③ 日语语法受到西方的影响，有的将名词分为普通名词和专有名词，因此就分为九类。

容词的词形变化，以及动词加形式体言"こと"。

值得注意的是，当时的中文语法中还没有"副词"这个成分，尽管《马氏文通》中有一些有关副词的相关内容，也指出其修饰功能，但是并没有使用这个术语。《语法指南》中关于副词的内容使用了这个术语。《东语正规》使用的这个术语应该是直接使用了日语的品词术语。1900年梁启超的《和文汉读法》也提到了副词。汉语语法界直到1907年才由章士钊正式引入了"副词"这个术语。

《东语正规》把日语的助词类比为"虚字"，认为日语中这类词具有连接句子各个成分的重要作用，相当于"车之轴，户之枢"。这类词非常复杂，很难穷尽所有的用法。教材把日语的助词与"虚字"类比的原因在于，中国有基于语素文字和孤立分析型结构的语言学传统，长于文字解析、词典编撰和音韵研析。汉语语言学并非起步于语法分析，而是以"字"为中心构筑起语言研究体系。实词和虚词二分法是中国传统语言学的重要词类理论，从唐代孔颖达开始，经过元、明、清小学家的继承与发展，实字和虚字学说发展成为比较完整的词类理论。①《东语正规》把日语助词类比为虚字是中国语言学传统促成的自然结果，由于助词是日语中特有的一类词，当时在汉语中找不到完全与之对应的词类，这种将日语助词与汉语虚字类比的方法便于中国人理解与接受。②

5.1.2 采用科学的教学方法

晚清的外语教材把对话、语法和练习融为一体，这种编写方式一直应用到现在，对现在的教材编写仍然有一定的借鉴意义。这种通过语言文本先行输入再讲解语法的教学方式，有很强的可操作性和实用价值。外语教学过程中具体使用的教学法有语法翻译法、古安系列教学法、内容教学法等。

---

① 范俊军：《中西词类二分学说史的比较》，载《南京师范大学学报（社会科学版）》2000年第3期，第131页。

② 鲜明：《从汉日对比的角度浅析〈东文易解〉为中国学习者归纳的日语句型》，载《汉日语言对比研究论丛》（第2辑），北京大学出版社，2011年，第80页。

晚清英语教材实现了从词汇会话集向写作和会话教材的演变，从"汉字注音"向国际音标注音的演变，从以词汇为主要内容转向以句型为主要内容，从 CPE 转向标准英语，从"准商务英语教材"转向专门商务英语教材，学习方法从机械记忆转向模仿、推类、循序渐进。其内容从单词出发以句型为始，再到语法翻译。从细节上看，不少教材专门增加插图，以提高学习的趣味性。多数教材分章节编排教学内容，每章节内容大致相当，编排体例一致，有些教材还附加了练习。

晚清时期出版的国人编写的日语教材的内容体现了当时国人对日语认识的进步。这一时期有的日语教材明确指出，当时广泛流传的"日语速成法"对中国的日语学习者有严重的误导，外语学习只有下苦功而没有捷径可走。[①] 日本教习为当时国人编写的一系列汉译日语文典是清末中国人学习日语的重要参考书，帮助学习者建立起包括日语语言类型、语音、文字、词法和句法的完整的日语语言知识体系。这些文典详细地划分了日语的词类并重点讲解了助词用法、动词活用用法、敬语用法等中国学生的日语学习难点，同时使用句子成分分析的术语讲解连词成句的方法，归纳了句子成分在句中的大致顺序，使中国人的日语学习更加科学规范。许多语法讲解的细节至今仍然值得我们参照和借鉴。

此外，有些日本教习还编写了口语文典，向中国学生教授日语口语的表达方式。通过文本分析我们还可以看到有的编写者还在教材中传授了自己的语言思想，比如松下大三郎在对比英语和汉语的基础上讲解日语的难点，带给中国学生一种普遍语言的思想。[②]

5.1.3 在外语教育过程中实现育人教育

晚清英语教材在课文选材时加入了情感与人文元素，选材从道德和实用方面出发，既有西方寓言故事，又有中国典故，紧紧围绕学生道德人格

[①] 鲜明：《清末中国人使用的日语教材———项语言学史考察》，中央编译出版社，2011年，第73页。
[②] 鲜明：《清末中国人使用的日语教材———项语言学史考察》，中央编译出版社，2011年，第161页。

的培养，选择的课文深入挖掘中华优秀传统文化蕴含的思想观念、人文精神、道德规范。所选语篇蕴含了一定的文化内涵，有助于培养学生的跨文化能力。晚清英语类课程兼顾工具课和文学课，不仅是语言课，也是审美课，学生通过学习语言文字认知世界，同时通过认知世界来认知自身。

晚清外语教材重视道德教育，这是晚清学校课程的重要特点。教学内容教导学生如何为人处世，教学目标是把学生培养成"君子"，符合全人教育理念。该理念最早可追溯到我国古代儒学大师孔子的教育思想。孔子认为，教育应该以培养德才兼备的"君子"为目标，而培养"君子"的途径是倡导德育和智育并重，但要以德育为根本。晚清外语教材将传统文化中的核心理念、传统美德和人文精神融入教学环节，全面展示中国优秀传统文化的魅力，试图培养学生的文化自信心、自豪感。

晚清外语教材中故事和寓言题材的课文居多，这种以趣味性为主的故事和寓言类课文不仅能激发学习者的兴趣，也能使学习者领会文章寓意中所包含的深刻哲理。教材不但是知识传播的工具，也是思想启蒙的利器。

5.2　对时代的影响

晚清外语教材的普及客观上开阔了近代国人的文化思索空间。教材不仅使学生了解了外国语言的基本知识、使用环境和范围，还让学生接触到了不同的文化和生活背景，拓宽了个人视野。国外的词汇系统、语言习惯、思维方式逐渐被学生了解，有助于近代中国人摆脱陈腐的华夷等级观念。

我国近代课程的产生，以及相关西学课程和外国语课的增设改变了中国传统的课程结构。近代课程培育了我国近代第一批先进的知识分子，他们逐步完成了由封建知识分子向近代资产阶级知识分子的转化。这种转化发端于洋务运动，到甲午战争后形成力量，开始集结，而后经过维新运动的洗礼，到20世纪初终于初具规模。可以说，外语教材带给了他们启蒙的力量，突破了传统的思维模式。

与此同时，考试内容和考试制度——科举也发生了变革，旧式科举于

1905 年被废除。① 近代课程是顺应近代中国经济和社会发展而产生的，一经产生，又反过来推动了近代中国经济和社会的发展。

5.2.1 有助于吸收先进文明和新观念

清末教材对于近代术语的传播与厘定起到了重要的作用。② 19 世纪末，明治维新以后的日本驶入近代化的快车道，在研习西学、创制新语方面均超越了同期的中国，西方文化传播此时呈现出西方—日本—中国的传播过程，日本成为中国吸纳西方文化的重要通道和中介。清末出现了留学日本、广译东籍的热潮，这使得日译汉字词大量涌入汉语。清末民初的中国出现了大量日本名词，影响了汉字术语的生态体系和原有结构，西方的学术和思想由此源源不断传入中国，从而推动了中国传统学术和思想的近代转型。汉字新语的生成演变背后反映的是近代新思想、新学术输入的历史实态。

西学在晚清传播的特点之一是转口输入，此前中国对西学的了解和吸收主要是从英文、法文、德文等西书的翻译中而来。1900 年以后，从日本转口输入的西学数量急剧增长，成为输入西学的主要部分。以 1902 年至 1904 年三年为例，中国共译西书 533 种：其中，英文书 89 种，占全国译书总数的 16.7%；德文 24 种，占 4.5%；法文 17 种，占 3.2%；日文 321 种，占 60.2%。晚清的译书数量可谓空前，从 1900 年到 1911 年，中国通过日文、英文、法文共译各种西书至少有 1599 种，占晚清百年译书总数的 69.8%，超过此前 90 年中国译书总数的两倍。其中，从 1900 年至 1904 年的五年间，译书 899 种，比以往 90 年译书还多。③

晚清时期，令人眼花缭乱的新学科、令人目不暇接的新名词，让学术界、出版界面目一新。今天仍然在使用的许多名词、术语，诸如社会、政党、政府、民族、阶级、主义、思想、观念、真理、知识、唯物、唯心、

---

① 吕达：《中国近代课程史论》，人民教育出版社，1994 年，第 146 页。
② 冯天瑜：《近代汉字术语的生成演变与中西日文化互动研究》，经济科学出版社，2016 年，第 91 页。
③ 熊月之：《西学东渐与晚清社会》，中国人民大学出版社，2010 年，第 11 页。

主体、客体、具体、抽象等都是晚清时期确立的，为五四时期的白话文运动打下了基础。没有清末西学的大批涌入，没有那一时期的新名词大爆炸，日后的新文化运动是难以想象的。大量出现的近代新名词提供了众多新的"概念工具"和"思想资源"，扩展了中国人的思想空间，从而为构筑突破传统范式、体现中西会通风格的新思想体系奠定了重要的思维基础。①

这些新词的出现使新思想在更广的领域里得到了传播。正是那些人们在不经意间反复使用的表示近现代新生事物和新思想的新名词、新概念，在社会化的重要维度和实践功能的意义上，将思维方式和基本价值观念的变迁有机地联系了起来，从而既体现出中国人的思维方式和基本价值观念的现代性变革及特征，又参与了开辟和推动这一变革的文化道路，同时还将此种变革与社会生活和制度化变迁有机地加以勾连，使我们能够从中窥见整个近代中国思想世界的复杂面貌。②

外语学习推动了各阶层探求新知的热情，改变了人们的文化生活，在一定程度上带动了社会文化转向，使晚清文化从结构到内容都发生了不小的变化。崇洋趋新的风气使人们愿意接近西方器物文化，产生好奇心理，进而热心西学西艺，产生学西学、求新知的愿望。③ 至少在通商口岸沿海地区，形成了追求域外新知的风气。热心西学西艺的不仅包括正在接受新式教育的青年学生，而且也包括社会各阶层，还包括读书识字的旧士大夫群体。他们属于西方文化引起的社会群体变迁的那一部分，是清末学西学、求新知的社会风尚中的中坚力量。④

5.2.2 推动时代和人们思想进步

晚清时期，中国人关于西方的知识迅猛增长。认识西文西语是理解西

---

① 杨念群：《百年清史研究史·思想文化史卷》，中国人民大学出版社，2020 年，第 192 页。
② 杨念群：《百年清史研究史·思想文化史卷》，中国人民大学出版社，2020 年，第 191 页。
③ 林永匡、王熹：《清代社会生活史》，中国社会科学出版社，2016 年，第 704 页。
④ 林永匡、王熹：《清代社会生活史》，中国社会科学出版社，2016 年，第 705 页。

学的关键一环。应该如何定位西语、西文和西学,如何评价西语、西文和西学的价值,成为中国文化界共同面对的问题。

甲午战争激发了晚清国人从变革和人才培养层面思考国家的前途命运。当时的有识之士认识到中国必须变革,旧式科举取士制度必须要废除,新式学校教育必然会兴起。日本明治维新后的迅速崛起引起了当时国人的注意,人们从成效、地缘、文化、教育宗旨、学习成本等各个方面思考中国学习日本实行变革、取法日本学校制度的益处。经过长期的观察、鉴别,晚清政府颁行了效仿日本学制的"癸卯学制"。"癸卯学制"是近代中国第一个实际施行的学制系统,尽管有缺陷,但它以制度的形式取代了中国传统的旧教育,无疑是一个巨大的历史进步,为以后中国学制的演变打下了基础,推进了中国教育近代化的发展。①

晚清外语教育催生了新式知识分子阶层的兴起,促进了中外文化交流,推动了中国的世界化进程。学习外语成为学习和传播西方近代科学的主要途径。学堂兼设翻译出版科学书籍的机构,译介了一批科学著作,对科学知识的传播、普及起到了较大的作用。晚清时期的知识分子逐步完成了由传统知识分子向近代知识分子的转化。这种转化发端于洋务运动,到甲午战争后形成力量,开始集结,经过维新运动的洗礼,到 20 世纪初终于初具规模。

系统学习外语之后,中国知识分子中出现了主动了解、吸收西学的趋势。中国知识分子开始参加译书工作。此时译书中心逐渐形成,是西学传播从先前比较零散、无序状态向集中、有序状态发展的标志。西学的影响逐渐从知识分子精英阶层扩展至社会基层。

在日语学习方面,《和文汉读法》在清末多次再版,举国上下掀起了"学东语""读东文""译东书"的热潮,各种日语学习机构相继建立,各种版本的日语教材相继编辑出版。这一时期很多西方的社会科学和自然科学著作被翻译成日文在日本大量出版,借助这条途径,这些著作又被译

---

① 周宇清:《晚清中国人的日本观与壬寅、癸卯学制的制定》,载《中国文化研究》2020年夏之卷,第 156 页。

介到国内。西方近代思想涌入中国，有力地促进了传统观念的变革。①

新式知识分子群体的知识结构不再是以儒学为中心的伦理政治理论，开始超越"中体西用""会通古今"的模式。这些知识分子逐步接受了以现代自然科学与社会科学为核心的新的知识体系。受这些科学知识的陶冶、浸润，通过社会变革的实践，新式知识分子群体也逐渐形成了现代思维方式和行为规范：他们认同科学理性，持有进化论思想和科学的自然观；他们崇尚独立人格，向往自由、民主和平等的社会。这些新的特质，标志着中国知识分子基本上完成了从传统到近代的转型。"并且新式知识分子的文化创造活动对社会民众广泛影响，逐步而切实地改变着社会的价值观念和生活方式，起到了更新民族心理素质，改良文化土壤结构的功效，从而对近代中国文化的转型产生了深远的影响。"②

晚清的外语教育促成了大量译书的出版。晚清之前译书的通常模式是西译中述，如李善兰、徐寿、华蘅芳等虽然参加了翻译西书的具体工作，但他们不懂外文，不能独立译书。从严复、马君武开始，近代中国有了自己的第一代翻译人才，宣告了西译中述这一西学传播史上过渡形式的结束。译书倡导文明生活方式，传播科学文化知识，意在培养读者的道德品质修养。

这批新式知识分子逐步成为精神文化的生产者，投身于外交、教育、新闻、出版、金融、公司企业、商行等新兴行业，在实际生活中承担了文化生产和传播者的角色。③ 此时开始形成了分离于儒学而独立存在的各种近代自然科学、技术科学、人文科学等学科，并在此基础上形成了相对稳定的教育界、文学艺术界、哲学人文科学界、科学技术界等专业领域，在整体上推动了中国文化的近代转型。尤其重要的是，新式知识分子通过独立的、近代意义上的文化创造活动，逐步而切实地改变了社会的心理结构、生活方式和价值系统，从而推进近代中国在民族传统、心理素质、思

---

① 肖朗、孙莹莹：《梁启超的〈和文汉读法〉及其对清末民初思想界的影响》，载《浙江大学学报（人文社会科学版）》2017年第1期，第66页。

② 郑大华、彭平一：《社会结构变迁与近代文化转型》，四川人民出版社，2008年，第369页。

③ 粟高艳：《世界性与民族性的双重变奏——世界化视野中的近代中国基础外语教育研究》，华中师范大学博士论文，2008年，第254页。

维方式等方面的变革，构建了新的文化观念，加速了中国的世界化进程。近代中国外语教育的发展，不但是近代文化的重要内容，也是促进近代文化传播与发展的重要因素。

晚清的外语教育也培养了大量外交和外事人才。晚清的不少外交官都有新式学堂的学习经历，这种情况在 1900 年之后更加普遍。甲午战争后担任驻外公使的 40 人中，受近代新式教育的知识分子有 21 人，超过了未接受新式教育者。有新式教育背景的驻外公使多出自京师同文馆、上海广方言馆和广州同文馆。他们受到西方文化的影响，其时代意识、世界眼光、新学知识都处于时代前列。在日语学习方面，日语的学习促进了旧民主主义革命思想的传播，在留日学生革命思想的酝酿的过程中起到了重要作用。①

5.2.3　促进了阶级流动

晚清时期，伴随体现传统中国社会主流意识形态的儒家文化的衰落，衰微与重兴、解构与重构奏响了中国近代文化演变史的交响乐章。近代中国的外语教育正是在这一进程中加入了文化复兴的大合唱。近代中国的外语教育是中国传统文化向现代文化转型这一历史过程中的产物。发展近代外语教育，是对传统文化进行改造的方式之一。外语教育的宗旨就是通过实施跨文化教育，以西方文化为参照系，为因西方现代文化的冲击而衰微的中国文化振衰救弊，引进新的文化因子，更新文化血液，进而谋求中国文化与中华民族的全面复兴。②

在这个过程中，外语的学习还促进了阶级的社会流动。社会流动是指社会成员从一种社会阶层向另一种社会阶层、一种职业圈向另一种职业圈的转变。社会流动是社会变迁的指示器，社会流动强度深化到一定程度

---

① 孙乃民：《中日关系史（第一卷）》，社会科学文献出版社，2006 年，第 618 页。
② 粟高艳：《世界性与民族性的双重变奏——世界化视野中的近代中国基础外语教育研究》，华中师范大学博士论文，2008 年，第 234－235 页。

时,会引发社会结构的变动。①社会流动除了流动者自身的知识、技巧和能力,还需要一定的外部条件,需要一种文化气候。晚清买办阶层成为新的横向社会流动方向,不少开放的年轻人开始通过学习外语来改变自己的人生选择,进入买办职业群体。

买办是中外商贸活动中的重要中介,"买办"(comprador)源于葡萄牙文 compdrar,原义是购买,是在中国各外国商号常常雇佣的经纪人、会计和出纳的总称。后来人们用"买办"来称呼广州和澳门第一代洋商的家仆,他们常常拿着主人带来的商品到市场上去换取粮食等生活用品。②随着近代中外贸易的发展,买办的作用日益重要。由于外国商人不了解居住地的语言、习俗、货币制度等,要采购中国货物,就必须疏通从洋行到货栈各个环节,这是外国商人运用自己西方的贸易方式根本无法办到的事,所以他们就委托一些买办、通事、跑街来为他们服务。在所有买办中,最重要的是外国银行的买办,他们不仅要为属下的中国雇员的品行作担保,还要处理与中国银行的各种业务。在外国商人和中国商行之间,运用西方式的经营手段与中国式商业惯例进行调适,在金融业进行繁复的各种货币、票据的拆借、兑换、放账等活动中,没有外语能力的买办显然很难完成任务。

到 19 世纪末,熟悉进出口贸易业务,能够沟通各个贸易环节和精通中外货币兑换的外商代理人——买办举足轻重,成为中国沿海沿江通商口岸最容易聚敛财物而令人眼红的一种职业。由于拥有大量财富,买办逐渐成为受人追捧的人物,因此之前奴仆般的形象在大众的记忆中开始渐渐消失,在沿海沿江的重要口岸城市中扮演着重要的角色。买办集团是随着对外贸易和外国在华企业的发展而发展的,据估计,1854 年买办人数为 250 人,1870 年为 700 人,至 20 世纪初达到约 2 万人。其中,大多数买办来自广东、上海和宁波。这些买办需要加强与外国雇主或合伙人的合作与交流,他们或自学,或进入学堂,形成了一支外语学习队伍,解剖这支队伍

---

① 邹振环:《浙籍买办与〈英话注解〉》,载《浙江海洋文化与经济:第 2 辑》,海洋出版社,2008 年,第 198 页。

② 邹振环:《浙籍买办与〈英话注解〉》,载《浙江海洋文化与经济:第 2 辑》,海洋出版社,2008 年,第 190 页。

学习的状况，对于我们理解晚清外语教育与文化的关系具有非常重要的意义。①

上海是近代中国最重要的移民城市，在上海的移民群体中，宁波商人移民占有重要的地位。他们最早接触外国人的生活习惯，学会了"洋泾浜"英语。正是在长期与外商和外轮船员频繁接触和代购货物赚取中间利润的过程中，他们养成了善于审时度势、调剂供求的习惯，积累了比较丰富的经商经验。鸦片战争后，驻广州的外国商行纷纷将总部转移至香港和上海，在广州的外国商行机构发展缓慢，而上海等地的外国商行机构发展迅速。

能说外语是进入买办阶层的重要条件之一。在晚清外语学习者中，买办是一个重要群体。我们可以通过对浙江籍买办群体的英语学习来分析外语学习在近代社会阶层流动中的作用。买办群体的英语学习在中国近代外语教育体制的转变过程中，具有某种引领的作用。"外语教育也就成了很多立志成为成功买办的青年人努力学习的重要方面，晚清外语教育的勃兴适应了这一转变，成为这种教育转型过程中的重要催媒剂。"②

晚清时期这些买办类学生的英语学习多半是通过业余进修完成的，其学习目的不是了解西学，而只是将英语作为一种技能和工具，因此他们特别重视交际式学习方法，重视口语，尽可能在一切场合寻找与外国人交谈和交流的机会。晚清早期以方言注音的英语读本是以粤语系统为主的，19世纪前半期在广州曾出现了粤语系统商贸英语读本出版的高潮。通商口岸对外交流的扩大导致了外语人才的紧缺，刺激了沿海和沿江地区商人通事的发展，于是一批浙江籍的通事应运而生。浙江一带，特别是宁波地区，自古就是沿海贸易的重要口岸，商业活动涉及运输、丝茶贩运、钱庄、票号等诸多行业。还有不少商人纷纷依附洋商，充当各洋行的买办，有的则在洋行及外国机构中担任大写、小写、翻译、跑街先生等。③

---

① 邹振环：《浙籍买办与〈英话注解〉》，载《浙江海洋文化与经济：第 2 辑》，海洋出版社，2008 年，第 192 页。

② 邹振环：《浙籍买办与〈英话注解〉》，载《浙江海洋文化与经济：第 2 辑》，海洋出版社，2008 年，第 199 页。

③ 邹振环：《浙籍买办与〈英话注解〉》，载《浙江海洋文化与经济：第 2 辑》，海洋出版社，2008 年，第 195 页。

晚清中国社会经历了一场翻天覆地的社会流动，在这一社会流动过程中，中国的教育也经历了一场历史性转变，而买办的英语学习是这一教育史转变过程中的重要一环。外语学习并非一种单纯的知识行为，而与整个社会文化的发展密切相关。整个社会对外族的态度、知识界对世界的认识，都影响着外语学习的风气。

6 结论

　　晚清外语教材的编写者是促成中国外语教材向近代化乃至现代化发展的先行者,他们在编写外语教材方面的经验与教训为后来者提供了弥足珍贵的启示。晚清外语学习是社会历史、文化发展到一定阶段的必然产物,也是顺应当时时代发展的行为。外语教育满足了社会对外语人才的需要,培养了新型的知识分子,加强了中外交流,加快了中国教育现代化的步伐。外语教育既是社会多种因素推动的结果,也是推动教育现代化和社会发展的重要因素之一。外语教育内容涉及文化、政治、经济、科技,甚至世界观,不但是近代文化的重要内容,也是促进近代文化传播与发展的重要因素。

　　本书从晚清国人使用的英语、日语教材产生的背景入手,对这些教材进行了分类,并依据教材的文本分析了这些教材对我国近代外语教育的贡献。贡献具体体现在以下三个方面:第一,使用了语言学术语,让中国开始了科学的外语学习;第二,全面介绍了语法知识,让中国开始了系统的外语学习;第三,在系统教学的基础上采用了科学的外语教学方法。通过梳理晚清英语及日语教材编写的演变发展轨迹,我们可以更好地弄清国人外语观进步的过程,这可以丰富我国人文学科的研究成果。

　　晚清时期外语教材数量越来越多,类型日益丰富,编写水平日益提高。从教材内容来看,有的教材借鉴了东西方的语言学研究成果,注重实用性,注重将语言与文化相结合。此时出版了国人编写的系统的英语和日语语法类教材,表明国人的外语学习逐渐科学化和系统化。外语教材伴随西方教育思潮的传入和中国传统教育价值观的转型而出现，教材的内容、风格和编纂方式呈现出的话语特征体现了不断变化的文化思维方式、意识形态和教育价值观。

晚清国人使用的英语和日语教材作为当时民众接受外国语言文化的重要载体，反映了当时中西方文化交流的重要内容、文化交流的程度以及文化交流的领域。严复的《英文汉诂·卮言》中提到"夫立学堂，将以植人才铸国民也"[①]，"术之最简而径者，固莫若先通其语言文字，而为之始基"[②]。这表明教材强调通过学习外语达到强国的目的，我们作为后继的外语工作者不应该忘记这个初心。从这个意义上说，研究晚清的外语教材不仅可以帮助我们整理中国早期外语教育的文化遗产从而了解新式外语教材诞生之初的历史面貌，而且这些教材也能够对当前社会转型期的中国教材建设提供一定的历史参照。

研究晚清时期国人使用的英语和日语教材是考察晚清外语教育史的重要组成部分。这些教材不仅使外语教学正规化、科学化，培养了外语人才和翻译人才，而且为当时的中国引进了自然科学和社会科学知识等大量先进文化知识，促进了时代进步。不少教材使用中国传统语言学方法讲解外语，比如，有的教材用音韵学的方法解释语音现象，有的教材采用以"字"为本位的方法给词分类，有的教材采用训诂学方法释义，还有的教材使用读者熟悉的中国文化现象去类比相关语言现象。这体现了晚清国人在外语环境中的文化坚守。

习近平总书记指出："坚定中国特色社会主义道路自信、理论自信、制度自信，说到底是要坚定文化自信，文化自信是更基本、更深沉、更持久的力量。"[③] 外语教材要把外国文化与中国文化有机结合起来，在注重外语国家文化教育的同时，也要注意对中国文化的表达与弘扬，防止中国文化的"失语"。

近代中国的外语教育是与近代中国社会在走向世界、走向现代化的共

---

① 严复：《英文汉诂》，商务印书馆，1933 年，第 iii 页。
② 严复：《英文汉诂》，商务印书馆，1933 年，第 vii 页。
③ 习近平：《决胜全面建成小康社会 夺取新时代中国特色社会主义伟大胜利》，载《人民日报》2017 年 10 月 28 日第 1 版。

时态空间中同时发生的。它是西学东渐背景下官方倡导、民间参与，以学习西方科学知识，增强了解世界力度，提高与世界接轨能力为主要目的的教育运动。近代中国外语教育的发展史是近代中国融入世界的历史，经由从被动到主动、从零星到系统、从保守到开放的过程，这是一个国家门户开放的过程，是一个民族思想和心理的开放过程，是一个勇于直面世界、接纳异己、表达自我的过程。从总体上来看，晚清外语教育是国人走向世界的一种回应和选择，是中国走向世界迈出的关键性一步，打开了中国瞭望世界的窗户，促进了中国与世界的联系。

附 录

《英文汉沽》目录

CONTENTS

Ⅰ. INTRODUCTION. 发凡
  1. Definitions，界说：Language，辞语：Grammar，文谱：English Grammar，英文谱
  2. How many things to be considered in a Word? 一字之中可论者几事
  3. Divisions，文谱分门：Orthography，正书：Etymology，字论 syntax，句法

Ⅱ. ORTHOGRAPHY. 正书
  4. Articulate and Inarticulate Sounds，有节无节之音：Vowels，元音：Diphthongs，变元
  5. Consonants，仆音：Aspirants and Mutes，舒促：Voiced and Unvoiced，钝锐
  6. Table of Consonants，仆音表：Vowels and Diphthongs，元音正变表
  7. Alphabets，字母：The Imperfection of English Alphabet，英字母之不完
  8. Assimilation of Consonant，仆音相从为变
  9. Syllables，拼音：Mono-, Di-, Tri- and Poly-syllables 一音二音三音多音之字
  10. Doubling of Consonants，复仆：How to add a Syllable to a Word? 加音：Mute e，无音之 e 字
  11. Division of a Word into Syllables，分字法：Accent，重音

Ⅲ. ETYMOLOGY. 字论

12. Parts of Speech，八部

13. On Parsing，指部

14. On Changes that Words undergo，字之变形

15. Suffixes of Inflexion，尾声变形：less in Modern English，变形之字古多今少

Ⅳ. NOUNS. 名物部

16. Definition of Nouns，界说

17. Classification of Nouns，分类

18. Inflexion of Nouns，名物形变

19. Gender of Nouns，属

20. Older Modes of Marking the Feminine，古法变属

21. Distinguishing Gender by Prefixes，换头

22. Number of Nouns，数

23. Formation of the Plural，变数法

24. Older Modes of Forming the Plural，变数古法

25. Words which（ⅰ）have Double Plural，两众形（ⅱ）have Singular form only，但有单形之字：（ⅲ）have Plural form only，但有众形之字

26. Plural form of Foreign Nouns，外国名物字之众形

27. Case of Nouns，位

28. Norminative，主名之位

29. Vocative，呼告之位

30. Objective，受事之位：Direct and Indirect Object，直接间接之受事

31. Possessive，主物之位

32. Formation of Possessive，主物变形法

33. Declension of Nouns，别位异形表

Ⅴ. ADJECTIVES. 区别部

    34. Definition of Adjective，界说

    35. Classification of Adjectives，分类

    36. Indefinite and Definite Article，无定有定之指件

    37. Inflexion of Adjectives：Degree，程度，等级

    38. Positive，寻常：Comparative，较胜：and Superlative，尤最

    39. Irregular Comparisons，参差等级

Ⅵ. PRONOUNS. 称代部

    40. Definition of pronoun，界说

    41. Classification of Pronouns，分类

    42. Ⅰ. Personal Pronouns，三身称代

    43. Declension of Personal Pronouns，称代异形表：Three Persons，三身

    44. Possessive Cases，三身主物

    45. Reflexive Personal Pronouns，反身称代

    46. Ⅱ. Demonstrative Pronouns，指事称代

    47. Other Demonstrative Pronouns：'such,' 'so,' 'yon,' 'same.'

    48. Ⅲ. Interrogative Pronouns，发问称代

    49. Compound Interrogatives，并字发问称代

    50. Ⅳ. Relative Pronouns，复牒称代

    51. "As," '如'

    52. Compound Relatives，并字复牒

    53. Ⅴ. Indefinite Pronouns，无定称代

Ⅶ. VERBS. 云谓部

    54. Definition of Verb，界说

    55. Classification of Verbs，分类：Transitive and Intransitive，及物与不及物

    56. Impersonal Verbs，无主云谓

57. Inflexion of Verbs，云谓变形

58. Ⅰ．Voice，声：Active and Passive 刚柔

59. Ⅱ．Mood，情，语气

60. Indicative，实指：Subjunctive，虚拟：Imperative Mood，祈使

61. Indicative，实疏

62. Subjunctive，虚拟

63. Objective and Subjunctive Phenomena, and two Moods compared，主观客观

64. Imperative，祈使

65. Two other Forms of Verbs, Infinitive Mood，无定式

66. Participles，两用式：Gerunds，虚字实用

67. Ⅲ．Tense，候：Nine Primary Tenses，九候，正候

68. Three Secondary Tenses，副候：Table of Tenses，九候表

69. 'Do,''行'字

70. Formation of Tenses in the Active Voice，刚声诸候

71. Difference between 'Shall' and 'Will,'两"将"字辨

72. Formation of Tenses in the Passive Voice，柔声诸候

73. Simple Present and Preterite, when are used，今去二候

74. Ⅳ．Person and Number of Verbs，云谓身数

75. Conjugation of Verbs，读破法：Strong and Weak Conjugation，强破弱破

76. List of Verbs of Strong Conjugation，强破诸字

77. List of Verbs of Weak Conjugation，弱破诸字

78. A verb of Strong Conjugation declined，强破异形字

79. A verb of Weak Conjugation declined，弱破异形字

80. Auxiliary Verbs，助谓字

81. 'Be'为：Copula，缀系

82. 'Have,'业，会

83. 'Do,'行

84. 'Shall,'将，须

85. 'Will,' 欲，愿，志，命

86. 'May,' 得，可，堪

87. 'Must,' 不可不，不能不，务

88. 'Can,' 能，知

89. 'Ought,' 宜

90. 'Wit,' 知：'Dare,' 敢：'Need,' 须

Ⅷ. ADVERBS. 疏状部

91. Definition of Adverb，界说

92. Classification of Adverbs，分类

93. Formation of Adverbs，制字

94. 'Yes' and 'No,' 俞咈，然否

Ⅸ. PREPOSITIONS. 介系部

95. Definition of Preposition，界说

96. Classification of Prepositions；Simple and Compound，分类繁简字

97. Relations indicated by Prepositions，所指之伦：'At,' 于：'By,' 'about,' 近：'For,' 为：'In,' 在：'On,' 在：'Off,' 离：'Of,' 属：'To,' 向：'With,' 以：'but,' 舍

Ⅹ. CONJUNCTIONS. 挈合部

98. Definition of Conjunction，界说

99. Classification of Conjunctions，分类：Coordination，并列：Subordination，相从

100. Some common Conjunctions considered；'And,' 及：'Both,' 并：'But,' 但：'Either,' 或：'That,' 这：'Now,' 兹：'Because,' 因：'Lest,' 为恐：'If,' 苟：'Unless,' 除非：'Except,' 只有：'Though,' 虽：'Nevertheless,' 不亚：Although, 纵：Albeit, 就令：'Than,' 以比

101. Some Adverbs are vulgarly treated as Conjunctions, 疏状有与挈合字相乱者

XI. INTERJECTIONS. 嗟叹部
    102. Definition，界说

XII. WORD-MAKING. 制字
    103. Primary and Secondary Words，文字
    104. English Derivatives，转注：Nouns，名物
    105. Adjectives，区别
    106. Adverbs，疏状
    107. Verbs，云谓
    108. Transformation by shifting Accent，音转义殊
    109. To form Transitive from Intransitive Verbs，以不及物为及物
    110. Compound Words：how formed? 会意
    111. A. Noun Compounds，会意名物字
    112. B. Adjective Compounds，会意区别字
    113. C. Verb Compounds，会意云谓字
    114. Prefixes，换头：Teutonic，条顿本语
    115. Latin and French Suffixes，拉丁与法文之尾声：Nouns，名物尾声
    116. Abstract Nouns，悬名之尾声
    117. Diminuitves，著小之尾声
    118. Suffixes of Adjectives，区别之尾声
    119. Suffixes of Verbs，云谓之尾声
    120. Latin and French Prefixes，拉丁与法文之换头
    121. Greek Prefixes，希腊换头
    122. Greek Suffixes，希腊尾声
    123. Other remarks on Word－making，造字余论

XIII. SYNTAX. 句法
    124. Sentence：Subject and Predicate，成句：句主谓语
    125. Predicative, Attributive and Adverbial Relation，谓语系属，区别

系属，疏状系属

126. Predicative Relation，谓语系属

127. Attributive Relation，区别系属

128. Attributive Adjuncts，区别属词

129. Adverbial Relation，疏状系属

130. Objective Relation，受事系属

131. Two sorts of Object，两种受事

132. Direct Object，直接受事

133. Indirect Object，间接受事

134. Adverbial Adjuncts，疏状属词

135. Word, Phrase and Clause Interchangeable，独字，仂①语子句互易法

XIV. SUBJECT AND PREDICATE. 句主与谓语

136. Subject and Predicate must agree in Number and Person，句主谓语必同身数

137. Every Finite Verb must have a Subject in the Nominative Case，专属谓语其上必有主名

138. Subject，句主

139. Expanded Subject，添字句主

140. Predicate，谓语

141. Complements of the Predicate，补足谓语

142. Object，受事

XV. CLASSIFICATION OF SENTENCES. 句法分类

143. Simple, Compound and Complex Sentences，三种句法

144. Compound Sentences，合沓句法

145. Elliptical Sentence，椭句

---

① 意思是余数。

146. Complex Sentence，包孕句法

147. Substantive Clause，实字子句

148. Adjective Clause，区别子句

149. Adverbial Clause，疏状子句

XVI. SUMMARY OF RULES OF SYNTAX. 造句集例

150. Rule 1. of Verb with its Subject, A. B. C. D. E. F. G. H. 云谓与句主之例共九条

151. Rule 2. of Objective Case, A. B. C. D. E. F. 受事例共七条

152. Rule 3. of Possessive Case, A. B. C. 主物例共四条

153. Rule 4. of Nouns in Apposition, A. 注解名物例二条

154. Rule 5. of Verbal Nouns or Gerunds, A. B. C. 虚字实用例四条

155. Rule 6. of Pronouns, A. B. ...... K. 称代例共十二条

156. Rule 7. of Adjectives, A. B. ...... H. 区别例共九条

157. Rule 8. of Articles, A. B. C. D. E. 指件例共六条

158. Rule 9. of Adverbs, A. B. ...... E. F. 疏状例共七条

159. Rule 10. of some Intransitive Verbs, A. B. ...... E. 不及物云谓例六条

160. Rule 11. of Indicative Mood, A. 实疏语气例二条

161. Rule 12. of Subjunctive Mood，虚拟语气例一条

162. Rule 13. of Imperative Mood，祈使语气例一条

163. Rule 14. of Infinitive Mood, A. 无定云谓例二条

164. Rule 15. of Tenses of Verbs that depend on one another，用候例一条

165. Rule 16. of Auxiliaries 'Shall' and 'Will,' A. 助谓例二条

166. Rule 17. of Participles, A. 两用式例二条

167. Rule 18. of Prepositions used after certain words, Table, A. 介系例二条，介系用字表

168. Rule 19. of Correlative Conjunctions, A. 挈合相应例二条

169. Rule 20. of Objective used in place of Nominative, A. 主名变例

二条.

170. Rule 21. of Elliptical Sentence，椭句例一条

XVII. ANALYSIS OF SENTENCES. 析辞

171. Logical Analysis of a Sentence，名学析辞法
172. Illustrations with Passages from Chinese Compositions，中文释例
173. Logical Subject and Predicate，名学之句主谓语
174. Analysis of Complex Predicate, Direct and Indirect Object, of Questions, of Attributive Clauses，繁复谓语，直接与间接受事，问语，及区别子句析法
175. Forms and Steps of Analysing Sentences，析辞层次
176. Examples of Analysing Simple Sentences,（30 Examples.）析简句法三十条
177. Analysis of Complex Sentences，析繁句法
178. Sentences containing Substantive Clauses,（14 Examples.）析实字子句法十四条
179. Sentences containing Adjective Clauses,（6 Examples.）析区别子句法六条
180. Sentences containing Adverbial Clauses,（7 Examples.）析疏状子句法七条
181. Subordinate Clauses contained within Clauses which are themselves Subordinate,（5 Examples.）子句中子句五条
182. Analysis of Compound Sentences，合沓句析法
183. Analysis of Subordinate Compound Clause，合沓子句析法
184. Analysis of Contracted Sentences，简缩句析法
185. Analysis of Elliptical Sentences，椭句析法

XVIII. PUNCTUATIONS. 句读点顿

186. Four kinds of Pauses：Comma, Semicolon, Colon, Full Stop or Period，四种点

187. Full Stop, when used, 句顿
188. Colon, when used, 支
189. The Rules of Semicolon, 半支
190. The Rules of Comma, 逗顿
191. Punctuations in Complex Sentences, 繁句点顿
192. Other Signs employed in Writing, 文字简号

《纳氏英文法讲义》第一册和第二册目录

Nesfield's English Grammar Series Book Ⅰ

CONTENTS
目　次

Chapter Ⅰ　DEFINITION OF THE PARTS OF SPEECH 词类之定义

Chapter Ⅱ　NOUNS：NUMBER 名词：数

Chapter Ⅲ　NOUNS：GENDER 名词：性

Chapter Ⅳ　PRONOUNS 代名词

 1. Personal Pronouns 人称代名词

 2. Relative Pronouns 关系代名词

 3. Interrogative Pronouns 疑问代名词

Chapter Ⅴ　ADJECTIVES 形容词

 1. Adjectives of Quality 性质形容词

 2. Adjectives of Quantity 分量形容词

 3. Adjectives of Numbers 数形容词

 4. Demonstrative Adjectives 指示形容词

 5. Distributive Adjectives 分配形容词

Chapter Ⅵ　VERBS 动词

Chapter Ⅶ　ADVERBS 副词
　　1. Simple Adverbs 单纯副词
　　2. Interrogative Adverbs 疑问副词
Chapter Ⅷ　PREPOSITIONS 前置词
Chapter Ⅸ　CONJUNCTIONS 接续词
Chapter Ⅹ　INTERJECTIONS 感叹词
Chapter Ⅺ　THE SAME WORD IN DIFFERENT PARTS OF SPEECH 相同之字为不同之词类
　　(a) Nouns interchanged with Verbs 名词与动词交换
　　(b) Adjectives interchanged with Verbs 形容词与动词交换
　　(c) Nouns interchanged with Adjectives 名词与形容词交换
　　(d) Adjectives interchanged with Adverbs 形容词与副词交换
　　(e) Adverbs interchanged with Prepositions 副词与前置词交换
　　(f) Prepositions interchanged with Conjunctions 前置词与接续词交换
　　(g) Miscellaneous Interchanges 混杂交换

Nesfield's English Grammar Series Book Ⅱ

CONTENTS
目次

第一编　General Definitives of the Parts of Speech 词类普通之定义
第二编　名词 Nouns
　　一章　The Kinds of Nouns 名词之种类
　　二章　Gender 性
　　三章　Number 数
　　四章　Case 位
第三编　Adjectives 形容词
　　一章　the kinds of Adjectives 形容词之种类

二章　Degrees of Comparison 程度之比较

第四编　Pronouns 代名词

　　一章　The Kinds of Pronouns 代名词之种类

　　二章　Personal Pronouns 人称代名词

　　三章　Demonstrative Pronouns 指示代名词

　　四章　Relative Pronouns 关系代名词

　　五章　Interrogative Pronouns 疑问代名词

第五编　Verbs 动词

　　一章　The Kinds of Verbs 动词之种类

　　二章　Mood, Number and Person, Tense, Voice 法，数及人称，时，语气

　　三章　Indicative Mood 直说法

　　四章　Imperative Mood 命令法

　　五章　Subjunctive Mood 前提法

　　六章　Infinitive Mood 无定法

　　七章　Participle or Verbal Adjectives 分词即动词状形容词

　　八章　Gerunds or Verbal Nouns 动名词即动词状名词

第六编　Adverbs 副词

　　一章　The kinds of Adverbs 副词之种类

　　二章　Degrees of Comparison in Adverbs 副词程度之比较

　　三章　The forms of Adverbs 副词之式

　　四章　Uses of Adverbs 副词之用法

第七编　Prepositions 前置词

第八编　Conjunctions 接续词

第九编　Syntax with Parsing Models 章句法附解剖模范

第十编　Analysis of Simple Sentences 单句之分解

附录 A　Conjugation of Verbs 动词之变化

附录 B　Auxiliary, defective, and Anomalous Verbs 助动词，不完全动词，及不规则动词

《华英通语》刻本①调研笔记整理

该书是一部词汇集类教材,没有词性词类的划分。作者认为记住这些单词就可以连词成句,表达想要说的意思。

该书用汉字给单词注音,并不准确。

收录单词分为以下种类。

瓜菜类(48 个)每一页有 8 个词。例如:粟 millet 味列。

果子类(48 个)即水果。

食物类(64 个)。例如:金腿 ham,核桃 walnut,牛奶饼 cheese,牛油 butter,生菜 lettuce,葱头 onions,番茄 tomato,蜡(腊)肠 sausage,柠檬水 lemon water。

炮制类(32 个)。例如:烧 roast,局 bake。

飞禽类(40 个)。例如:草鹅 goose。

走兽类(40 个)。例如:黄牛 cow。

鱼虾类(32 个)。例如:蛇 snake。

酒林类(32 个)。例如:啤酒 beer。

草木类(16 个)。例如:木 wood。

各埠名称(即国家名字)(32 个)。例如:花旗 America。

船叟类(48 个),主要是船只和航海用语。例如:旗 flag。

单字类(常用代词、形容词、动词等)(240 个)。例如:甜 sweet,粗 coarse。

二字类(376 个)。例如:争先 rush forward,无事 have no business,贵干 What's your business?

三字类(100 个)。例如:等一下 wait a little(该句不符合英语表达习惯)。

四字类(20 个句子)。例如:越多越好 the more the better,楼上楼下

---

① 南京图书馆,残存不分卷(GJ/3012614),有虫蛀。

upstairs downstairs。

长句类（240句），主要收录了商务贸易用语。例如：

你有合同吗？Have you a written agreement?

货真价实。Goods is true & price certain.（该句不符合语法）

你能减的价钱吗？Can you lower the price?

我唔赊。I don't sell on credit.

他写了一张假银单。He forged a bill.

在长句类中，该书收录了打官司用语。例如：

莫催我，装货出口。Don't hurry me, export goods.（该句不符合语法，但是能够达到交流的目的）。

他每月有二百银入门。His income is two hundred dollars.

不二价。Don't sell at two price.

价钱系实概。My price is certain.

在长句类中，该书还收录了如何用英语进行讨价还价的一些说法以及一些商务用语。例如：

他有新屋出售。He has got a new house to let.

你系边处打工呢？In whose employ are you?

好嚛，你出得几多？Well then, how much will you give?

你欠我几多钱呢？How much do you owe me?

你有货卖呀？What goods have you for sale?

我有好多各样概货？I have a great quality of many different kinds of goods.

他卖他概货太贵得齐。He sells his goods at too high a price.

我估他卖得平。I think he sells them cheap.

近来好卖呀。Have you sold many goods lately?

我两枝桅船或第二个月开身去新加坡。I expect my will for Singapore next month.

我共他打三年合同做工夫。I agree to work for him 3 years.

可以明显看出，该书收录的汉语句子展现了江沪一带的口音。例如：
你肯减少的唔呢？Won't you take less for it?
你使几多钱买概？How much did you give for this?
为也无财发呢？Why have you not made profit?
你与多少过我呢？How much will you give me?
你亦要多添的喇？You must also add a little.
鸦片唔系甚有价。Opium does not sell very well now.
豆蔻好市。Amomums are in great demand.
汝想值得几多呢？How much do you think it is enough?
我唔出得咁多咯。I can't give so much.

该书最后一句是：

照合同你一日要做几多工夫？How much work must you perform per day according to your agreement?

《最近英文法教科书》目录

CONTENTS
SECTION FIRST
The Sentence and the Parts of Speech

（1） Words and Sentences

（2） Subject and Predicate

（3） Kinds of Words

（4） Kinds of Sentences

（5） Analysis of Sentences

SECTION SECOND
Nouns

（1） Kinds of Nouns

　　Proper Nouns

Common Nouns

Collective Nouns

Material Nouns

Abstract Nouns

(2) Grammatical Forms of the Noun

Number

Case

Gender

SECTION THIRD

Pronouns

(1) Personal Pronouns

(2) Demonstrative Pronouns

(3) Interrogative Pronouns

(4) Relative Pronouns

SECTION FOURTH

Adjectives

(1) Kinds of Adjectives

Descriptive Adjectives

Adjectives of Quantity

Pronominal Adjectives

(2) Comparison

SECTION FIFTH

Verbs

(1) Kinds of Verbs

Transitive and Intransitive Verbs

Auxiliary and Principal Verbs

Verbs Finite and Non Finite

(2) Grammatical Forms of the Verbs

Person and Number

Voice

Tense

Mood

Irregular Verbs

SECTION SIXTH
Adverbs

(1) Kinds of Adverbs

(2) Uses of Adverbs

Adverbs of Time

Adverbs of Degree

Adverbs of Quality or Manner

SECTION SEVENTH
Prepositions

Uses of Prepositions

(1) Prepositions of Time

(2) Prepositions of Place

SECTION EIGHTH
Conjunctions

(1) Co-ordinate Conjunctions

(2) Subordinate Conjunctions

《华英进阶》壹集目录
ENGLISH AND CHINESE READERS FIRST READER

目 录
CONTENTS

Directions to the Teacher

My New Book

What We Can Never Catch

The Hen and Her Chickens

Short Sentences

The Cries of Animals

Who Made You?

The Two Bags

The Body

The Drowning Fly

Word Lesson, I

My Mother

The Four Quarters

Who Sees Us?

The Girl and the Parrot

The Ant

The Goat

Short Sentences

God

The Eagle and the Child

Good and Bad Fruit

The Boy and the Nuts

The Face

Word Lesson, II

Time

The Piece of Gold

How to Obey

The Two Cocks

School

The Way to Be Healthy

Our First Parents

The Fallen Nest

A Noble Boy

附 录

Word Lesson, III

The Bat

The Bear and the Fly

Money

The Kitten

The Tiger and the Looking - Glass

The Man and His Goose

Going to School

The Ass

A Boy and His Copy Book

The Savior

Relations

Names

The Dog and the Ox

Word Lesson, IV

China

Not the Way to Get On

Speak the Truth

The Fly and the Honey

The Duck

School Phrases

The Way to Be Saved

The Tree

Never Give a Kick for a Hit

Changes in Names

The Clay and the Rose

The Earth

Letters to a Teacher

The Lord's Prayer

Grace Before Meal

Grace After Meal

参考文献

毕苑, 2010. 建造常识: 教科书与近代中国文化转型 [M]. 福州: 福建教育出版社.

曹晓华, 2015. 从"亡国沦种"到"欧亚同种"——论严复《英文汉诂》的语言文化观 [J]. 湖南大学学报（社会科学版）, 6: 91-96.

长谷川雄太郎, 1901. 日语入门 [M]. 东京: 善邻书院.

陈海燕, 2015. 同文馆外语人才培养困境与破解途径的研究 [D]. 北京: 北京外国语大学.

陈嘉, 1948. 纳氏英文法讲义 第一册 [M]. 上海: 群益书社.

陈嘉, 1948. 纳氏英文法讲义 第二册 [M]. 上海: 群益书社.

陈剑华, 1996. 清末教会学校师资状况分析 [J]. 上海师范大学学报, 1: 47-50.

陈娟, 2013. 试考清末的日语教材 [J]. 今日中国论坛, 6: 189-191.

陈娟, 2013.《东语完璧》之研究 [J]. 或问, 89: 89-106.

陈娟, 2014. 清末中国人の日本語学習史に関する研究——教科書と辞書を通して [D]. 大阪: 关西大学.

陈天麒, 1895. 东语入门 [M]. 出版地不详.

陈学恂, 田正平, 1991. 中国近代教育史资料汇编 [M]. 上海: 上海教育出版社.

仇云龙, 张绍杰, 2011. 晚清外语人才培养特色及其当下启示 [J]. 外语教学与研究, 2: 291-298.

大矢透，1902. 东文易解［M］. 东京：泰东同文局.

丁伟，2006. 我国英语教学本土化的探索者丁韪良与京师同文馆［J］. 广西社会科学，10：189-192.

丁伟，2015. 近代民营出版机构的英语函授教育（1915—1946）［D］. 杭州：浙江大学.

范俊军，2000. 中西词类二分学说史的比较［J］. 南京师大学报（社会科学版），3：131-135.

范延妮，2008. 试述晚清英语教学方法及其启示［J］. 山东师范大学外国语学院学报，2：110-113.

费正清，刘广京，2018. 剑桥中国晚清史（1800—1911年）（上、下卷）［M］. 北京：中国社会科学出版社.

冯天瑜，2016. 近代汉字术语德生成演变与中西日文化互动研究［M］. 北京：经济科学出版社.

付克，1986. 中国外语教育史［M］. 上海：上海外语教育出版社.

高芳卉，2011. 晚清英语教学法及其对大学英语教学的启示［J］. 陕西理工学院学报（社会科学版），4：90-94.

高时良，1992. 中国近代教育史资料汇编·洋务运动时期教育［M］. 上海：上海教育出版社.

高晓芳，2007. 晚清洋务学堂的外语教育研究［D］. 北京：商务印书馆.

顾卫星，2001. 晚清学校英语教学研究［D］. 苏州：苏州大学.

顾卫星，王国平，2001. 20世纪初叶引入我国教会大学的英语教学新方法评析［J］. 江南社会学院学报，3：60-64.

顾卫星，2002. 晚清传教士关于教会学校英语教学的争论［J］. 解放军外国语学院学报，1：18-22.

顾卫星，2005. 从语言教学求生存到科学教育图发展——试论晚清学校英语教学发展轨迹［J］. 外语与外语教学，9：31-35.

顾卫星，2007. 中国早期出版规模最大的"中国各体英语"读本——《华英通用杂话·上卷》解读［J］. 江西师范大学学报（哲学社会科学版），4：126-131.

顾卫星，2009．传统与创新：试论晚清英语教学特点及其启示［J］．外语与外语教学，5：28－30．

官濛，杨舒，2015．马礼逊《英国文语凡例传》考析［J］．兰台世界，1：146－147．

何九盈，2007．中国古代语言学史［M］．北京：北京大学出版社．

何九盈，2008．中国现代语言学史（修订本）［M］．北京：商务印书馆．

黄兴涛，2006．第一本中英文对照的英语文法书——《英国文语凡例传》［J］．文史知识，3：57－63．

季压西，陈伟民，2007．中国近代通事［M］．北京：学苑出版社．

季压西，陈伟民，2007．从"同文三馆"起步［M］．北京：学苑出版社．

金观涛，刘青峰，2012．观念史研究——中国现代重要政治术语的形成［M］．北京：法律出版社．

孔凯，2017．晚清商务英语教学发展轨迹研究［J］．滁州学院学报，3：132－136．

黎难秋，2016．同文三馆——晚清翻译家外交家的摇篮［M］．武汉：武汉大学出版社．

李良佑，张日升，刘犁．1988．中国英语教学史［M］．上海：上海外语教育出版社．

李喜所，1982．清代同文馆——中国最早的外语学校［J］．文史知识，2：34－37．

李喜所，1987．近代中国的留学生［M］．北京：人民出版社．

李亦婷，2009．晚清上海外语培训班勃兴之缘由［J］．社会科学，8：145－151，191．

梁启超，2008．清代学术概论［M］．北京：人民出版社．

林永匡，王熹，2016．清代社会生活史［M］．北京：中国社会科学出版社．

刘纯，2011．京师同文馆翻译实践导向性外语教育及启示［J］．大学教育科学，5：78－79．

刘军，2006. 清末民国时期外语教学研究 [D]. 苏州：苏州大学.

刘贤，2016. 清末"速成式"日语教材的教学理念——以《日语独习书》和《日语捷径》为例 [J]. 或问，29：157-166.

刘贤，2017. 清末の中国人が编纂した日本语教科书における文法教育——内容、方法と理念 [J]. 或问，31：113-131.

马可英. 2017. 1912—1937年中国人编写日语教材之探析 [J]. 内蒙古师范大学学报（教育科学版），9：103-107.

马礼逊，2008. 通用汉言之法和英国文语凡例传 [M]. 郑州：大象出版社.

莫再树，2012. 晚清商务英语教学源流考镜 [D]. 长沙：湖南大学.

莫再树，肖云南，2011. 晚清教会学校的商务英语教学：利益导向下的世俗化与功利化选择 [J]. 大学教育科学，6：70-75.

莫再树，肖云南，2012. 我国早期商务英语的产生及语言属性——兼论洋泾浜英语与商务英语的关系 [J]. 湖南大学学报（社会科学版），2：86-89.

莫再树，欧琼华，2015. 晚清商务英语课程史研究 [J]. 山东外语教学，6：36-41.

内田庆市，2004. 红毛通用番话について [J]. 或问，7：127-128.

内田庆市，2005. 十九世纪的英语资料与汉语研究——以笔者发现的《华英通语》的新版本为主 [J]. 或问，9：93-101.

欧阳艳，2003. 清末民初双语教学研究 [D]. 长沙：湖南师范大学.

祁晓韵，顾卫星，2006. 东吴大学英语教学历史研究 [J]. 苏州大学学报（哲学社会科学版），2：119-123.

秦涛，2008. 晚清英语教学方法积极意义及其借鉴研究 [J]. 江苏科技大学学报（社会科学版），3：96-108.

邱立中，2009. 中国早期商务英语变体考 [J]. 上海翻译，2：39-43.

邱志红，2008.《英文举隅》与《英文话规》——同文馆毕业生编译的早期英语文法书 [J]. 寻根，10：35-40.

任萍，2007. 记我国最早的翻译学校——明四夷馆考察 [J]. 上海翻译，

2：53-56.

商务印书馆，1924. 华英进阶 叁集 [M]. 上海：商务印书馆.

商务印书馆，1928. 华英进阶 壹集 [M]. 上海：商务印书馆.

商务印书馆，1933. 华英初阶 [M]. 上海：商务印书馆.

商务印书馆编译所，1905. 东文法程 [M]. 上海：商务印书馆.

申小龙，2003. 汉语与中国文化 [M]. 上海：复旦大学出版社.

沈国威，2008. 关于"和文奇字解"类的资料 [J]. 或问，14：117-128.

沈国威，2009. 近代东亚语境中的日语——从"方言"到文明的载体 [J]. 或问，16：85-97.

沈国威，2010. 近代中日词汇交流研究——汉字新词的创制、容受与共享 [M]. 北京：中华书局.

石玉，2008. 我国自编英语教科书之开端：《华英初阶》与《华英进阶》 [J]. 湖南师范大学教育科学学报，3：35-37.

史革新，2009. 中国文化通史：晚清卷 [M]. 北京：北京师范大学出版社.

司佳，2013. 邝其照与1868年《字典集成》初版——兼谈第一本中国人编写的英汉字典及其历史实用价值 [J]. 广东社会科学，1：149-158.

松本龟次郎，1904. 言文对照汉译日本文典 [M]. 东京：株式会社中外图书局.

松下大三郎，1907. 汉译日本口语文典 [M]. 东京：诚之堂书店.

松本龟次郎，1908. 言文对照汉译日本文典 [M]. 东京：国文堂书局.

粟高艳，2008. 世界性与民族性的双重变奏——世界化视野中的近代中国基础外语教育研究 [D]. 武汉：华中师范大学.

孙广平，2013. 晚清英语教科书发展考述 [D]. 杭州：浙江大学.

孙广平，2016. 晚清英语教科书发展研究 [M]. 北京：中国社会科学出版社.

孙燕京，2002. 晚清社会风尚研究 [M]. 北京：中国人民大学出版社.

唐宝锷，戢翼翚，1900. 东语正规 [M]. 上海：作新社.

唐廷枢，1862. 英语集全 共六卷 [M]. 广州：纬经堂.

田正平, 1996. 留学生与中国教育近代化 [M]. 广州: 广东教育出版社.

汪凤藻, 1899. 英文举隅 [M]. 北京: 京都官书局.

王秉钦, 2017. 近现代中国翻译思想史 [M]. 上海: 华东师范大学出版社.

王宏志, 2014. 翻译与近代中国 [M]. 上海: 复旦大学出版社.

王力, 2014. 中国语言学史 [M]. 上海: 复旦大学出版社.

王生军, 2014. 晚清英语启蒙教科书《华英初阶》[EB/OL]. (2014-09-19) [2021-11-28]. http://www.pep.com.cn/zt/zhdsb/2014/55/201409/t20140919_1217935.htm.

王曰和, 2009. 日语语法 [M]. 北京: 商务印书馆.

乌云高娃, 2002. 日本学者对明"四夷馆"及《华夷译语》的研究状况 [J]. 中国史研究动态, 6: 19-24.

吴昂, 1993. 严复的外语教育思想 [J]. 外语教学与研究, 4: 49-53.

吴驰, 2012. 由"文"到"语"——清末民国中小学英语教科书之演变 [J]. 湖南师范大学教育科学学报, 3: 50-54.

吴驰, 2013. 从《英话注解》到《帝国英文读本》——清末自编英语教科书之兴起 [J]. 湖南师范大学教育科学学报, 3: 35-38.

吴义雄, 2001. "广州英语"与19世纪中叶以前的中西交往 [J]. 近代史研究, 3: 172-202.

伍光建, 1906. 帝国英文读本 壹卷 [M]. 上海: 商务印书馆.

习近平, 2017. 决胜全面建成小康社会 夺取新时代中国特色社会主义伟大胜利 [N]. 人民日报, 2017-10-28.

鲜明, 2010. 清末中国人使用的日语教科书采用的中国传统语言学方法 [J]. 汉日语言对比研究论丛, 1: 262-270.

鲜明, 2011, 从汉日对比的角度浅析《东文易解》为中国学习者归纳的日语句型 [J]. 汉日语言对比研究论丛, 2: 284-295.

鲜明, 2011.《东语正规》在中国日语教育史上的意义 [J]. 日语学习与研究, 6: 75-81.

鲜明, 2011. 清末中国人使用的日语教材——一项语言学史考察 [M].

北京：中央编译出版社.

鲜明，2013，从语言学角度分析清末中国人对日语的进步认识［J］．社会科学论坛，12：97－101．

鲜明，修刚，2013．晚清系统译介社会主义学说的第一部译作［J］．天津外国语大学学报，4：45－49．

鲜明，2016．晚清首部国人译介的社会主义著作的翻译史考察［M］．北京：中央编译出版社．

肖朗，孙莹莹，2017．梁启超的《和文汉读法》及其对清末民初思想界的影响［J］．浙江大学学报（人文社会科学版），1：56－68．

谢蓉蓉，2017．洋泾浜文本《英话注解》的文化特色研究［J］．宁波大学学报（人文科学版），1：25－30．

谢蓉蓉，2017．晚清洋泾浜英语的语言模因观——以《英话注解》文本为例［J］．山东外语教学，5：19－27．

熊月之，2011．西学东渐与晚清社会（修订版）［M］．北京：中国人民大学出版社．

吁思敏，2017．中国双语教学发展轨迹略探［J］．外语教学理论与实践，2：57－81．

徐冰，2014．中国近代教科书中的日本和日本人形象——交流与冲突的轨迹［M］．北京：商务印书馆．

许海华，2008．近代中国日语教育之发端——同文馆东文馆［J］．日语学习与研究，1：52－58．

严复，1933．英文汉诂［M］．上海：商务印书馆．

颜惠庆，1927．华英翻译捷诀［M］．上海：商务印书馆．

杨念群，2020．百年清史研究史·思想文化史卷［M］．北京：中国人民大学出版社．

俞明雅，2016．最近十余年清末民初教科书研究述评［J］．教师教育学，5：61－68．

斋藤秀三郎，1905．最近英文法教科书［M］．上海：文明书局．

斋藤秀三郎，1907．正则英文教科书 第一册［M］．上海：昌明公司．

张换成, 2013. 清末西方教会学校的英语启蒙教育 [J]. 湖南师范大学教育科学学报, 3: 97-99.

张丽君, 2016. 晚清新教传教士英语教育的历史考察——以教会学校为视角 [D]. 武汉: 华中师范大学.

张英, 2004. 启迪民智的钥匙——商务印书馆前期中学英语教科书 [M]. 上海: 中国福利会出版社.

赵鲁平, 2005. 解读上海外语教育: 历史与文化语境的嬗变 [D]. 上海: 华东师范大学.

郑大华, 彭平一, 2008. 社会结构变迁与近代文化转型 [M]. 成都: 四川人民出版社.

仲玉花, 2017. 梁啓超の翻訳活動について——1900年前後の翻訳活動を中心に [J]. 或問, 32: 45-56.

周桂君, 周小涛, 2017. 晚清时期传教士活动与英语在中国的传播 [J]. 社会科学战线, 8: 255-259.

周毅, 2005. 晚清洋泾浜英语及其影响史——以1840年前后至1919年的澳门、广州、上海口岸为中心 [D]. 成都: 四川大学.

周宇清, 2020. 晚清中国人的日本观与壬寅、癸卯学制的制定 [J]. 中国文化研究 (2): 156-166.

周振鹤, 2005. 大英图书馆所藏《红毛番话》抄本译解 [J]. 暨南史学, 12: 333-353.

周振鹤, 2008. 逸言殊语 [M]. 上海: 上海人民出版社.

周振鹤, 2013. 中国洋泾浜英语的形成 [J]. 复旦学报 (社会科学版), 5: 1-18.

邹振环, 2002. 十九世纪下半期上海的"英语热"与早期英语读本及其影响 [J]. 档案与史学, 2: 41-47.

邹振环. 2004.《大英国志》与晚清国人对英国历史的认识 [J]. 复旦学报 (社会科学版), 1: 40-49.

邹振环, 2004. 晚清同文馆外语教学与外语教科书的编纂 [J]. 学术研究, 12: 115-123.

邹振环. 2005. 《华英初阶》和晚清国人自编近代英语教科书的发轫 [J]. 近代中国, 15: 142-160.

邹振环. 2006. 19世纪早期广州版商贸英语读本的编刊及其影响 [J]. 学术研究, 8: 92-99.

邹振环, 2007. 翻译大师笔下的英文文法书——严复与《英文汉诂》[J]. 复旦学报（社会科学版）, 3: 51-60.

邹振环, 2007. 清代前期外语教学与译员培养上的制度性问题——与俄国、日本的比较 [J]. 社会科学辑刊, 1: 160-167.

邹振环, 2008. 影响中国近代社会的一百种译作 [M]. 南京: 江苏教育出版社.

邹振环, 2008. 浙籍买办与《英话注解》[M] // 张伟. 浙江海洋文化与经济: 第2辑. 北京: 海洋出版社: 190-199.

邹振环, 2009. 光绪皇帝的英语学习与进入清末宫廷的英语读本 [J]. 清史研究, 3: 107-115.

邹振环, 2010. 晚明至晚清的翻译: 内部史与外部史 [J]. 东方翻译, 8: 18-32.

邹振环, 2011. 创办初期的商务印书馆: 《华英初阶》与《华英进阶》[J]. 东方翻译, 2: 31-39.

邹振环, 2011. 西学汉译文献与中国翻译史研究 [J]. 东方翻译, 8: 9-19.

邹振环, 2013. 浅析清华学校早期的英语教学 [J]. 史林, 3: 108-118.

邹振环, 2013. 斋藤秀三郎与正则英语教科书在中国的编译与传播 [J]. 东方翻译, 6: 35-48.

邹振环. 2016. 《综合英汉大辞典》的编纂、特色与影响 [J]. 复旦学报（社会科学版）, 2: 54-64.

LANCTOT B, 1867. 华英通语（Chinese and English Phrase Book with the Chinese Pronunciation Indicated in English Specially Adapted for the Use of Merchants, Travelers and Families）[M]. 2nd ed. San Francisco: A Roman & Company, Booksellers, Publishers and Importers.

XIAO YE YOU, 2010. Writing in the Devil's Tongue [M]. Southern Illinois: Southern Illinois University Press.

后　记

　　书稿提交的那一刻我觉得我应该记录一下写作这本小书的心路历程，总结一下再向未来出发。和这个题目结缘是在 2008 年，非常清晰地记得当时我在北京外国语大学攻读博士学位，辛辛苦苦准备的一个题目由于资料实在难以获取不得不放弃。一个偶然的机会，我旁听了一个近代中日语言文化交流的会议并受到启发。经过一番调研，我发现关于晚清国人使用的日语教材有一些从历史学角度的研究，但是没有从语言学史角度的研究，我觉得可以从这个角度进行探索。刚好我比较幸运获得了北京外国语大学和北京市教委联合培养博士生项目的资助到日本关西大学进行访学，访学期间得到了沈国威老师的帮助和指导。回国后论文顺利开题，得到了徐一平老师、朱京伟老师和吴丽君老师的肯定，还获得了北京外国语大学优秀博士论文培育基金的资助。论文答辩的时候彭广陆老师、于日平老师给了我日语语法方面的指导，并启发了我对相关问题的深入思考，为我指出继续纵深研究的方向。唐磊老师严格把关，向我指出了一些行文的问题。这些都为我前期的研究打下了坚实的基础，也给了我进一步研究的信心。

　　博士毕业后我在东北财经大学国际商务外语学院工作，第二年成功申请了教育部人文社科基金项目，出版了专著《清末中国人使用的日语教材——一项语言学史考察》，获得了大连市政府出版基金资助。为了继续深入研究，2012—2015 年我在中央编译局从事博士后研究并顺利出站。

　　2017—2018 年，我申请国家留学基金委项目赴英国曼彻斯特大学访学，当时就想能不能把晚清国人使用的英语教材也作为考察对象，研究当时国人的外语学习对引入西方思想、对当时社会的发展有什么影响。回国后第二年，我申请了教育部人文社科项目并成功获批。

研究的过程中最大的困难还是查找外语教材的原件，许多教材由于种种原因看不到原件，即使有的教材在图书馆有在馆目录，也很遗憾没有看到原书，但我尽我所能走遍了相关的图书馆，也在网上购买教材，还拜托在国外的师长亲友帮忙查找。非常遗憾的是，2020年到2021年由于客观原因未能多次到外地调研，本书不得不使用了一些二手材料。

在写作的过程中感慨颇多，作为普通老师，深感做研究的不易，我遇到过很多困难，但是都坚持下来了。感谢帮助过我的人，特别是那些给我提出中肯意见的老师。

感谢东北财经大学校级优秀学术专著出版项目的资助，感谢东北财经大学国际商务外语学院对学术出版的资助，感谢车丽娟院长、王岩院长和马静院长对本人学术成长的关心和帮助。敬铃凌编辑的辛苦付出和严谨专业的态度，让我非常受益。

记下一些感想以后自勉。

鲜 明
2021年12月19日于大连